NCS를
기반으로 한

한식 이론 및 실기

임영숙 · 김선희 · 김은영 공저

머리말

한국의 음식인 한식은 우리나라의 역사와 함께 식생활 문화로 자리매김하여 전해져 오고 있다. 한식은 다양한 식재료의 사용, 재료의 맛을 최대한 살려내는 자연 친화적인 조리법을 사용하여 맛과 영양을 고루 갖추고 있는 음식이다.

최근 우리나라에서 늘고 있는 각종 식생활과 관련한 암, 당뇨병, 고혈압, 비만 등과 같은 질병을 예방하는 데 한식이 효과적이라는 각종 보고가 잇따르고 있어 건강식 또는 육식과 채식이 조화로운 과학적인 음식이라 할 수 있다.

이 같은 한식의 우수성과 문화유산으로서 자긍심을 갖고, 우리나라 고유의 식문화로서 전문화, 국제화, 세계화하기 위해서는 체계적인 전문 인력 양성이 필요하다.

이 책은 한식조리기능사 자격증 취득을 위한 교재로 한국 산업 인력 공단에서 실시하는 출제문제와 채점기준에 중점을 두고 집필하였다.

이 책의 저자들은 한식조리기능사 자격증을 취득하기 위해 공부하는 독자들에게 한식조리이론과 실기의 내용을 쉽고 빠르게 전달하고자 노력하였으며 실기부분에서 놓쳐서는 안 되는 사항을 세밀하게 다루었다.

이론 편에서는 한식조리기능사 필기시험에서 출제되는 과목을 다루었으며 각 과목마다 중요한 사항과 출제빈도가 높은 내용을 중심으로 알기 쉽도록 정리하였다.

한식조리 실기 편에서는 음식분류별(구이 류, 김치 류, 면·만두 류, 무침 류, 밥·죽 류, 생채 류, 선 류, 장아찌 류, 적 류, 전골 류, 전 류, 조림·볶음 류, 찌개 류, 찜 류, 튀김 류, 회 류, 후식 류)로 나누어 구성하였고 독자들이 조리를 쉽게 이해할 수 있도록 조리과정의 상세한 사진을 실었으며 조리 순서와 함께 설명을 간결하게 정리하였다. 교재의 마지막 부분에는 실기시험 포인트 파트를 구성하여 실기시험장에서 스스로 조리과정을 총 정리 해볼 수 있도록 하였다.

끝으로 이 책의 조리사진 촬영을 위해 애써주신 김남선, 이화수님과 본서의 출판을 위해 힘써주신 도서출판 효일의 김홍용 사장님과 김동필 실장님, 편집부에 깊은 감사를 드립니다.

2016년 8월

저자 일동

차례 次例

제1장

한식조리기능사 이론

제2장

한식조리기능사 실기시험 준비

제3장

한식조리기능사 실기

밥 · 죽류

생채류

선류

장아찌류

적류

전골류

전류

조림 · 볶음류

찌개류

찜류

튀김류

회류

후식류

부록

제1장

한식조리기능사 이론

1. 공중보건

(1) 공중보건의 정의 및 분야

1) 공중보건의 정의

① **WHO(세계보건기구):** 질병을 예방하고 건강을 유지, 증진하며 육체적, 정신적 능력을 충분히 발휘할 수 있게 하기 위한 과학이며, 그 지식을 사회의 조직적 노력에 의해서 사람들에게 적용하는 기술임

② **C. E. A. Winslow(윈슬로):** 조직적인 지역사회의 노력을 통하여 질병을 예방하고 생명을 연장시키며 신체적, 정신적 효율을 증진시키는 기술과학임

2) 공중보건의 대상과 평가지표

① **대상:** 공중보건의 대상은 지역사회, 국민이 하나의 단위임

② **대표 평가지표**

지표	내용
영아사망률	영아사망(1년간의 생후 1년 미만 영아의 사망수)/1년간의 출생수×1,000 * 지역사회의 보건수준을 나타내는 대표지표
평균수명	출생 직후의 평균 여명(기대수명)
모성사망률	연간 모성 사망수/1년간 출생수×1,000
비례사망률	그 연도의 특성별 사망자수/어떤 연도의 사망자수×100
조사망률	그 연도의 연간 사망자수/어떤 연도의 연앙인구×1,000(명)

3) 세계보건기구(WHO)

① **발족:** 1948년 4월7일 UN의 보건전문기관으로 정식 발족, 우리나라는 1949년 가입

② **본부 및 조직:** 본부는 스위스의 제네바에 있고 6개의 지역사무소가 있으며 우리나라는 서태평양 지역에 소속됨

③ **세계보건기구(WHO)의 주요 기능:** 국제적인 보건사업의 지휘 및 조정, 회원국에 대한 기술지원 및 자료제공, 전문가 파견에 의한 기술 자문활동을 함

4) 보건행정 분야

① **개념:** 보건기술과 행정을 하나로 묶은 기술행정으로 공공의 책임으로 국민 보건을 향상시키기 위하여 시행하는 활동의 총칭임

② **분야**

가. 일반보건행정: 공중위생행정을 중심으로 예방보건행정, 위생행정, 모자보건행정, 의무행정, 약무행정으로 분류함

나. 산업보건행정: 작업환경의 질적 향상, 산업재해 예방, 근로자의 건강유지 및 증진, 근로자복지시설의 관리 및 안전교육 등의 문제를 담당함

다. 학교보건행정: 학교보건사업, 학교급식, 건강교육, 학교체육 등 학교보건법에 근거하여 제반 문제를 담당함

5) 보건소

① **설치목적:** 보건행정의 합리적인 운영과 국민보건의 향상, 증진함

② **보건소의 업무:** 보건사상의 계몽, 감염병의 예방과 진료, 영양 개선과 식품위생, 보건통계, 학교보건과 구강위생, 의약에 대한 지도함

(2) 각종 보건

1) 학교보건

① **학교보건의 목적:** 학생 및 교직원의 건강을 보호, 증진하여 학교 교육의 능률화를 목적으로 함

② **학교급식의 목적:** 합리적인 영양섭취(국민체력 향상의 기초 확립), 올바른 식습관 형성(올바른 식사태도와 편식습관의 교정), 국민 식생활 개선에 기여, 도덕 교육의 실습장, 집단 영양지도에 기여함

2) 산업보건

① **WHO와 ILO의 산업보건의 정의:** 모든 산업장 직업인 등의 육체적, 정신적 사회복지를 최고도로 증진, 유지함

② **직업병이란:** 특정한 직업에 종사하는 사람에게서 특정한 질병이 나타나는 것으로, 불량한 환경조건 및 부적당한 근로조건이 복합적으로 작용하여 발생함

③ 직업병의 종류

원인	종류
이상 고온(열중증)	열경련, 열허탈증, 열사병, 열쇠약증
이상 저온	동상, 참호족염, 동창
이상 기압	고기압(잠수병), 저기압(고산병, 항공병)
불량조명	안정피로, 근시, 안구진탄증
자외선 및 적외선	피부 및 눈의 장애
방사선	조혈기능의 장애, 피부점막의 궤양과 암의 형성, 생식기능 장애, 백내장
소음	난청, 스트레스
분진	진폐증(규폐, 석면폐)
중금속	중독: 납(Pb), 수은(Hg), 크롬(Cr), 카드뮴(Cd)

3) 모자보건

① **모자보건의 목적:** 보건의료서비스를 제공하여 모성 및 영유아의 사망률을 저하시키고, 신체적 또는 정신적 건강과 정서적 발달을 유지, 증진함

② **모자보건의 대상**

가. 모성보건: 임신, 분만, 수유하는 기간의 여성을 말함

나. 모성사망: 임신, 분만, 산욕에 관계되는 질병 또는 이상 때문에 발생하는 사망을 말함

③ **임산부 사망의 원인:** 임신중독증, 출산 전후의 출혈, 자궁 외 임신과 유산, 조산, 사산, 산욕열 등

④ **모자보건 지표**

가. 모성사망률: 1년간의 모성 사망수/1년간 출생수×1,000

나. 사산율: 1년간의 사산수/1년간의 출산수(사산수+출생수)×1,000

다. 영아사망률: 영아사망(1년간의 생후 1년 미만 영아의 사망수)/1년간의 출생수×1,000

(3) 자연환경

1) 일광의 종류 및 특징

가시광선	적외선	자외선
• 눈의 망막을 자극하여 명암과 색깔을 구별 • 적색광선은 온감, 청색광선은 냉감, 검은색은 압박감을 줌	• 열작용의 열선 • 파장이 1,800 Å로 가장 김 • 기상의 기온을 좌우 • 혈관 확장, 홍반, 피부온도 상승 등의 작용 • 오래 쬐면 두통, 현기증, 열경련, 열사병, 백내장의 원인	• 일광 3종류 중 파장이 가장 짧음 • 인체에 유익하므로 건강선 • 살균작용: 2,600~2,800 Å이 가장 강함 • 비타민 D의 형성을 촉진하여 구루병을 예방, 피부 결핵 및 관절염 치료에 효과 • 투과력과 홍반 형성, 색소 침착, 부종, 수포 형성, 피부 박리, 피부암을 일으킴 • 신진대사 촉진, 적혈구 생성 촉진, 혈압 강하작용 • 결막염, 설안염, 백내장 등을 발생시킴

2) 공기

요소	내용
화학적 조성 (0도, 1기압)	질소(N_2) 78%, 산소(O_2) 21%, 아르곤(Ar) 0.93%, 이산화탄소(CO_2) 0.03%, 기타 네온, 헬륨, 크립톤 등 미량 원소 함유
산소(O_2)	대기 중의 약 21%(1일 산소의 필요량: 2,500~3,000 L), 10% 이하가 되면 호흡곤란, 7% 이하가 되면 질식사
이산화탄소(CO_2)	정상 공기 중에 약 0.03% 함유, 실내 공기오염(오탁)의 지표 [허용기준 0.1%(1,000 ppm)]로 이용
일산화탄소(CO)	물체의 불완전 연소 시에 발생하는 무색, 무취, 무미, 무자극성 기체, 허용한도 8시간 기준으로 0.01%(100 ppm)
질소(N_2)	대기 중 질소의 약 78%, 정상기압에서는 인체에 해가 없지만 이상 기압 시 영향이 생김
아황산가스(SO_2)	중유의 연소과정에서 다량 발생하는 자극성 가스로 공해의 주범, 식물의 황사 및 고사 현상, 호흡곤란, 금속의 부식

3) 온열요소와 감각온도

① **온열요소:** 기온, 기류, 기습, 복사열

② **감각온도의 3인자:** 기온, 기습, 기류

③ **온열조건**

가. 기　온 : 지상 1.5 m에서의 건구온도
최고 온도(2시경), 최저온도(해뜨기 직전), 쾌감온도(18±2℃)

나. 기　류 : 공기의 흐름은 1 m/sec 전후의 기류가 가장 좋음
무풍(0.1 m/sec), 불감기류(0.2~0.5 m/sec)

다. 기　습 : 일정온도의 공기 중에 포함되어 있는 수증기의 상태
쾌적한 습도(40~70%), 습하면 피부질환, 건조하면 호흡기질환, 온도와 습도가 높으면 불쾌

라. 복사열 : 발열체로부터 직접 발산되는 열

4) 물

① **지구표면에 가장 많이 분포, 인체의 약 60~65%가 물로 구성**

가. 1일 1인당 필요한 물의 양: 2.0~2.5 L

나. 인체 내의 물 10%를 상실하면 신체기능에 이상, 20%를 상실하면 생명이 위험

다. 물의 물리적 작용: 희석, 확산, 혼합, 여과, 침전, 흡착작용

라. 물의 화학적 작용: 중화, 응집, 산화, 환원작용

마. 물의 생물학적 작용: 호기성 미생물에 의한 유기물질 분해 작용

② **수인성 감염질병**

요소	내용
병원체 질환	장티푸스, 파라티푸스, 세균성이질, 콜레라, 유행성 간염, 소아마비
기생충 질환	폐디스토마, 간디스토마, 광절열두조충, 주흡혈충병, 회충, 편충, 구충
특징	유행지역과 음료수 사용지역이 일치, 환자가 폭발적으로 발생 치명률, 발병률, 2차 감염률이 낮음 모든 계층과 연령에서 발생
예방	동일 음료수의 사용을 금지 또는 개선함으로써 피해를 줄일 수 있음

③ **수인성 유독물의 질병**

가. 반상치: 불소가 많이 함유된 물을 장기 음용 시 발생

나. 우치: 불소가 너무 적은 물을 장기 음용 시 발생(음료수에 적당한 불소의 양: 0.8~1 ppm)

다. 청색아(Blue baby): 질산염이 많이 함유된 물을 장기 음용 시 발생(음료수 기준: 질산염 45 mg/L 이하, 질산성 질소 10 mg/L)

라. 설사: 황산마그네슘($MgSO_4$)이 250 mg/L 이상 함유된 물을 음용 시 발생

(4) 인공 환경

1) 요소

채광, 조명, 환기, 냉·난방

2) 채광 및 조명

① **창의 방향:** 일조시간이 긴 남향

② **창의 면적:** 거실면적의 1/10 이상, 방바닥 면적의 1/5~1/7, 벽면적의 70%가 적당

③ **창의 개각:** 보통 4~5°가 좋고, 개각이 클수록 실내는 밝음

④ **창의 입사각:** 보통 28° 이상, 입사각이 클수록 실내는 밝음

3) 환기

자연환기	인공환기
• 실내외의 온도차, 기체의 확산, 외기의 풍력에 의함 • 중력환기: 온도차로 인해 공기의 밀도와 압력차가 생겨나서 일어나는 현상, 들어오는 공기는 하부로, 나가는 공기는 상부로 이루어지는데, 실내에 유입되는 공기는 하반부일수록 힘이 강하며, 그 중앙에 압력이 0인 면이 생기는 부분을 중성대라 함	기계를 이용하여 환기하는 방법

4) 냉난방

냉방	난방
• 실내의 온도가 26°C 이상일 때 냉방이 필요 • 실내외의 온도차는 5~7°C 정도가 적당 • 10°C 이상의 온도차는 냉방병의 원인	• 실내의 온도가 대게 10°C 이하일 때 난방이 필요 • 난방 온도는 18~22°C로 춥지 않을 정도로 적당 • 환기와 적정습도(40~70%) 유지

5) 오물처리

① 분뇨처리

가. 분뇨의 종말처리법: 소화처리법, 화학처리법, 습식산화법

나. 소화처리법: 가온식(28~35°C에서 1개월), 무가온식(2개월 이상 필요)

② 진개처리방법

방법	내용
소각법	• 세균을 사멸시킬 수 있는 가장 위생적인 방법 • 건설비용 및 소각경비가 많이 듦 • 소각 시 발생하는 매연이 단점
해양투기법	• 공해(公海) 상의 투기하는 방법
비료화법	• 진개를 4~5개월 발효시켜 퇴비로 이용하는 방법
매립법	• 저지대, 웅덩이, 산골자기 등에 쓰레기를 버린 후 복토하는 방법 • 매립 시, 악취발생, 파리, 쥐의 서식이 없어야 함 • 매립하는 진개의 두께는 1~2 m가 적당, 3 m 이상이면 통기가 불량함

(5) 상하수도

1) 상수도

① 수원: 천수, 지표수, 지하수(천층수, 심층수, 복류수, 용천수)

② 우물: 변소, 축사, 쓰레기장 등의 오염원보다 높은 곳에 위치, 20 m 이상 떨어져야함

③ 정수과정: 취수 → 침전(보통 침전법, 약품 침전법) → 여과(완속사 여과법, 급속사 여과법) → 소독 → 급수

④ 소독: 일반적으로 염소소독 사용(상수소독)

가. 염소소독의 장점: 강한 살균력과 잔류효과, 조작의 간편성, 경제성

나. 염소소독의 단점: 독성과 냄새(잔류염소량은 0.2 ppm 유지)

⑤ 음료수의 판정기준(우리나라 상수도 수질기준)

가. 무색, 투명, 색도 5도, 탁도 1NTU를 넘지 않아야 함

나. 소독으로 인한 맛, 냄새 없어야 함

다. 수소이온농도(pH): 5.8~8.5이어야 함

라. 대장균: 100 ㎖ 중에서 검출되지 않아야 함

(*대장균은 분변오염을 추측할 수 있어 대표적 수질오염의 지표로 사용)

마. 일반 세균수: 1 ㎖ 중 100CPU를 넘지 않아야 함

바. 시안: 0.01 mg/L를 넘지 않아야 함

사. 수은: 0.001 mg/L를 넘지 않아야 함

아. 질산성 질소: 10 mg/L를 넘지 않아야 함

자. 염소 이온: 250 mg/L를 넘지 않아야 함

차. 과망간산칼륨: 10 mg/L를 넘지 않아야 함

카. 암모니아성 질소: 0.5 mg/L를 넘지 않아야 함

타. 증발 잔류물: 500 mg/L 이하이어야 함

파. 페놀: 0.005 mg/L 이하이어야 함

하. 경도: 300 mg/L 이하이어야 함

2) 하수도

① 합류식의 특징

가. 가정하수와 우천수를 함께 내보내는 방식(*합류식- 우리나라에서 많이 사용)

나. 시설비가 적게 들고 검사 및 청소가 용이하지만, 장마 시 범람의 우려와 악취발생

② 하수처리과정: 예비처리 → 본처리 → 오니처리

가. 예비처리: 재진망 설치, 보통 침전법, 약품 침전법

나. 본처리: 호기성 분해처리(살수여과법, 활성오니법, 접촉여상법, 관개법, 산화지법), 혐기성 분해처리(부패조, 임호프조)

다. 오니처리: 하수처리의 마지막 과정으로 본처리 과정에서 발생한 슬러지를 탈수 및 소각하는 과정(육상투기법, 해상투기법, 소각법, 퇴비화법, 사상건조법)

③ 하수의 위생검사

가. 생물화학적 산소요구량(BOD): 하수 중 유기물이 미생물에 의해 분해되는 데 필요, 용존산소의 소비량을 측정하는 방법(수치가 높은 것은 오염도가 높음(20 ppm 이하 적정)

나. 용존산소량(DO)의 측정: 용존산소의 양이 많을수록 수중 미생물이 적게 존재 오염도가 낮은 하수(4~5 ppm 이상 적정)

(6) 구충, 구서, 오염

1) 구충, 구서의 일반적인 원칙

가. 가장 근본적인 방법으로 발생 초기에 발생원 및 서식처를 제거함

나. 구제 대상 동물의 생태 습성에 맞추어 실시함

다. 구충, 구서는 광범위하게 동시에 실시함

2) 위생해충과 질병

위해 해충	질병
파리	• 호흡기계 감염병: 결핵, 디프테리아 • 소화기계 감염병: 장티푸스, 이질, 콜레라, 파라티푸스 • 기생충 질환계: 편충, 요충, 회충 • 기타: 소아마비, 화농성 질환
모기	• 일본뇌염, 말라리아, 사상충증, 황열, 뎅기열
이	• 발진티푸스, 재귀열
쥐	• 세균성: 페스트, 바일병, 서교증, 살모넬라증 • 리케치아성: 발진열, 양충병(쓰쓰가무시병) • 바이러스성: 유해성 출혈열 • 기생충성: 아메바성 이질
벼룩	• 페스트, 발진열
진드기	• 유행성 출혈열, 양충병
바퀴벌레	• 세균성: 장티푸스, 이질, 콜레라, 파라티푸스 • 식중독: 살모넬라균 식중독, 포도상구균 식중독 • 기생충 질환: 회충증, 편충증, 요충증

3) 대기오염

① **오염물질:** 부유입자(먼지, 매연, 훈연, 연무, 안개, 분진), 가스(아황산가스, 황화수소, 질소산화물, 일산화탄소, 이산화탄소, 암모니아, 불화수소), 광화학 산화물(오존 및 스모그 등)

② **질병:** 만성 기관지염, 기관지천식, 천식성 기관지염, 폐기종, 인후두염, 호흡기계 질병 등

③ **피해:** 생활환경의 악화, 인체, 동식물에 대한 피해, 재산 및 경제적인 손실

④ **대책:** 양질의 연료 사용과 완전 연소의 지향, 집진시설의 개선, 대기오염 방지시설의 정비 및 대기환경보전법 강화함

4) 수질오염

① **오염물질:** 화학비료, 농약, 채석 · 채탄 시의 미분탄, 산업폐수, 생활하수, 공장폐수 등

② **질병:** 미나마타병(공장폐수에 함유된 유기수은 중독), 이타이이타이병(폐수에 함유된 카드뮴 중

독), 가네미유증(PCB 중독)

③ **피해:** 자연환경 악화, 곡물오염, 어패류의 사멸, 수도원수 및 공업용수의 오염 등

④ **대책:** 하수시설 정비와 하수처리장의 확충, 하수처리기술의 개발, 산업폐수처리시설의 확충, 법적 규제 강화함

(7) 역학

1) 역학의 정의

인간집단에서 발생·존재하는 질병의 분포 및 유행 경향을 밝히고 그 원인을 규명함으로써 질병의 관리와 예방을 강구함

2) 역학의 목적과 기능

① **목적:** 질병의 발생 원인을 규명하여 질병을 효율적으로 예방함

② **기능:** 지역사회의 질병양상 파악, 예방대책을 수립함

3) 역학의 특징

① 시간적 특징

가. 추세변환: 장기간을 주기로 반복 유행하는 현상

나. 순환변화: 추세 변화 사이의 단기간을 순환적으로 반복 유행하는 주기적 변화

다. 계절변화: 1년을 주기로 계절적으로 반복 변화하는 현상

라. 불규칙변화: 돌발적으로 유행하는 현상(수인성 감염병, 환경오염성 질병, 외래 감염병 등)

② 지역적 특성

가. 지방적 유행: 어떤 특정한 지역에서 계속적으로 발생하는 유행

나. 범발생적 유행: 여러 국가 또는 범세계적으로 전파·발생되는 유행

다. 산발적 유행: 개별적으로 발생되는 유행

③ 사회적 특성

가. 인구밀도가 높은 도시는 성홍열과 호흡기계의 감염병이 많음

나. 위생환경이 나쁜 농어촌과 빈민촌에는 소화기계의 감염병이 많음

다. 가난한 사람들에게는 결핵이 많고, 부유한 사람에게는 당뇨병이 많음

④ 생물학적 특성

연령, 성별, 인종에 따라 발생함

4) 역학의 기본 요인

① **병인:** 영양소적 병인과 물리적, 화학적, 생물학적, 정신적, 사회환경적 병인

② **숙주:** 병인에 대한 감수성이나 저항력이 다양한 변수로 작용함

③ **환경:** 병인과 인간숙주를 제외한 모든 것이 포함

(8) 감염발생요소 및 경로

1) 감염병 발생 3대 요소

① **감염병(병원소):** 환자, 보균자, 접촉자, 매개동물 등

② **감염경로(환경):** 직·간접 감염, 공기감염, 절지동물 감염 등

③ **감수성 숙주**

2) 감염병의 생성과정

감염병은 연쇄적 현상이기 때문에 어느 하나라도 결여되고 차단되면 생성되지 않음
병원체에서 병원소, 병원체의 탈출, 전파, 병원체의 침입, 감수성 숙주의 감염이 있음

① **병원체에 의한 감염병**

가. 세균(Bacteria): 콜레라, 장티푸스, 디프테리아, 결핵, 한센병(나병), 백일해 등

나. 바이러스(Virus): 소아마비, 홍역, 유행성 이하선염, 일본뇌염, 광견병, 후천성 면역결핍증, 유행성 간염 등

다. 리케치아: 발진티푸스, 발진열, 양충병 등

라. 기생충: 회충, 구충, 간·폐흡충, 유구조충, 아메바성 이질, 말라리아, 사상충 등

② **병원소에 의한 감염병**

가. 인간 병원소: 환자, 무증상 감염자, 보균자 등

나. 동물 병원소: 쥐, 말, 소, 돼지, 양, 개 등

다. 토양 병원소

③ **병원소에서 병원체의 탈출**

가. 호흡기 탈출: 기침, 재채기, 침 등 예방접종 실시

나. 소화기 탈출: 분변, 토사물 등 환경위생 철저

다. 비뇨기 탈출: 소변, 분비물 등 혈액성 질병

라. 개방 병소 탈출: 상처, 농창 등

마. 기계적 탈출: 흡혈성 곤충, 주사기 및 감염된 육류 등

④ **전파:** 직접 전파, 간접 전파, 공기 전파, 절지동물 전파

⑤ **병원체의 침입**

가. 새로운 숙주, 점막, 태반 및 경피 침입

나. 오염된 음식물 섭취: 소화기계 감염병

다. 병원소로부터 탈출하는 비말이나 비말핵: 호흡기계 감염병

⑥ **숙주의 감염(감수성)**

가. 숙주의 체내에 병원체가 침입하더라도 병원체에 대한 저항력이나 면역이 있을 때는 감염되지 않음

나. 감수성이 있을 때는 침입한 병원체에 대하여 감염이나 발병을 저지할 수 없는 상태임

3) 감염되는 질병의 유형

① **세균성 식중독:** 장염비브리오균 식중독, 병원성 대장균 식중독, 살모넬라균 식중독 등

② **급성 감염병:**

가. 호흡기 감염병: 디프테리아, 백일해, 천연두, 홍역, 풍진, 인플루엔자, 성홍열, 유행성이하선염 등

나. 경구 감염병: 파라티푸스, 장티푸스, 콜레라, 이질, 병원성 대장균, 소아마비 등

다. 곤충 매개 감염병: 페스트, 발진티푸스, 말라리아, 유행성 일본뇌염 등

③ **만성 감염병:** 결핵, 한센병, 성병 등

④ **기생충병:** 회충증, 요충증, 흡충류증, 원충류증 등

(9) 감염병분류

1) 병원체에 따른 감염병

① **바이러스(Virus)성 감염병**

가. 호흡기 계통: 인플루엔자, 홍역, 유행성 이하선염, 두창 등

나. 소화기 계통: 소아마비(폴리오), 유행성 간염 등

② **세균(Bacteria)성 감염병**

가. 호흡기 계통: 한센병, 결핵, 디프테리아, 백일해, 폐렴, 성홍열 등

나. 소화기 계통: 장티푸스, 콜레라, 세균성이질, 파라티푸스 등

③ **스피로헤타성 감염병:** 바일병, 매독, 서교증 등

④ **리케치아(Rickettsia)성 감염병:** 발진열, 발진티푸스, 양충병 등

⑤ **원충성 감염병:** 아메바성 이질, 말라리아 등

2) 예방접종을 하는 감염병

① **정기 예방접종:** 디프테리아, 백일해, 홍역, 파상풍, B형 간염, 유행성 이하선염, 풍진, 일본뇌염, 기타 보건복지부장관이 지정하는 감염병

② **임시 예방접종:** 예방접종에 관하여 보건복지부장관의 명령이 있거나 시장, 군수, 구청장이 감염병 예방 상 필요하다고 인정하는 경우 시행함

3) 잠복기가 있는 감염병

① **1주일 이내:** 이질(1~7일), 콜레라(1~5일), 디프테리아(2~5일), 인플루엔자(1~3), 백일해(약7일), 페스트(2~4일), 유행성 간염(1~6일)

② **1~2주일 이내:** 장티푸스(7~14일), 파라티푸스(1~10일), 유행성 뇌척수막염(2~10일), 성홍열(7~10일), 홍역(약 10일), 천연두(7~16일), 발진열(6~14일), 발진티푸스(6~15일), 재귀열(3~12일), 일본뇌염(4~12일), 말라리아(약 14일), 파상풍(4~12일)

③ **2주일 이상:** 유행성 이하선염(12~26일), 매독(약 21일), 광견병(4~6주), 한센병(3~4년)

4) 감염경로에 의한 감염병 분류

① **직접접촉 감염:** 접촉 또는 성교 등에 의한 감염으로 피부병, 성병(임질, 매독), 풍진 등

② **간접접촉 감염**

가. 비말핵(비말) 감염: 환자의 기침이나 재채기에 의한 감염으로 디프테리아, 인플루엔자, 성홍열, 백일해, 결핵 등

나. 진애 감염: 먼지나 티끌에 병원균이 묻어 전파되는 결핵, 천연두, 디프테리아 등

다. 개달물 점검: 비생체 접촉매개물에 의한 감염(개달물: 의복, 침구, 서적, 완구 등)으로 결핵, 트라코마, 천연두 등

(10) 법정 감염병 및 검역 질병

1) 법정 감염병

① **제1군 감염병:** 콜레라, 장티푸스, 파라티푸스, 세균성이질, 장출혈성대장균감염증, A형간염

② **제2군 감염병:** 디프테리아, 백일해, 파상풍, 홍역, 유행성이하선염, 풍진, 폴리오, B형간염, 일본뇌염, 수두

③ **제3군 감염병:** 말라리아, 결핵, 한센병, 성홍열, 수막구균성수막염, 레지오넬라증, 비브리오패혈증, 발진티푸스, 발진열, 쓰쓰가무시병, 렙토스피라증, 브루셀라증, 탄저, 공수병, 신증후군출혈열(유행성 출혈열), 인플루엔자, 후천성면역결핍증(AIDS), 매독, 크로이츠펠트-야콥병 및 변종크로이츠펠트-야콥병

2) 검역질병

① **검역 목적:** 국내 또는 국외로 감염되는 것을 방지함

② **검역 대상:** 우리나라에 내항하거나 출항하는 선박, 항공기의 승객 및 승무원 또는 화물에 대한 검역절차와 예방조치에 관한 사항을 규정함을 목적으로 함

③ **검역 질병 및 잠복기간:** 콜레라(120시간), 페스트(144시간), 황열(144시간)

3) 인수공통검역 질병

사람과 동물이 같은 병원체에 의해서 공통 감염되는 감염질병

동물	질병
소	탄저, 살모넬라, 브루셀라
양	탄저, 브루셀라
다람쥐, 쥐	야토병, 페스트
돼지	돈단독, 살모넬라, 선모충, 브루셀라
개	광견병

4) 감염병 유행의 시간적 현상

① **순환변화(단기변화):** 백일해(2~4년), 홍역(2~4년), 일본뇌염(3~4년)

② **추세변화(장기변화):** 디프테리아(20년), 성홍열(30년), 장티푸스(30~40년)

③ **계절적 변화**

가. 하계: 소화기계 감염병

나. 동계: 호흡기계 감염병

5) 주요 감염병의 종류

① **호흡기계 감염병:** 디프테리아, 유행성 감기, 백일해, 홍역, 천연두(두창), 성홍열, 풍진, 유행성 이하선염

② **동물매개 감염병:** 말라리아, 페스트, 발진티푸스, 유행성 일본뇌염, 광견병

③ **소화기계 감염병:** 콜레라, 장티푸스(염병), 파라티푸스, 세균성 이질, 아메바성 이질, 소아마비, 유행성 간염

④ **만성 감염병:** 결핵, 성병(매독), 성병(임질), 한센병(나병), 트라코마

⑤ **특수 감염병:** 유행성 출혈열, 렙토스피라증, 비브리오 패혈증, 후천성면역결핍증(AIDS)

(11) 감염대책

1) 병인에 대한 대책

① **격리**

가. 환자격리: 감염병에 감염된 환자나 보균자를 감염력이 소멸될 때까지 격리

나. 건강격리: 감염된 환자와 접촉했던 사람을 격리

다. 격리 필요: 한센병, 결핵, 페스트, 콜레라, 디프테리아, 장티푸스, 세균성이질 등

라. 격리 불필요: 파상풍, 유행성 일본뇌염, 파상열, 발진티푸스, 양충병, 기생충병 등

② **보균자:** 증상이 있으나 병원체를 배출함으로써 다른 사람에게 병을 전파시킬 수 있는 사람

가. 건강보균자: 증상이 전혀 나타나지 않으면서 병원체를 배출하는 자로서 공중보건상 감염병 관리 면에서 가장 중요하고 어려운 자(일본뇌염, 디프테리아, 폴리오에 감염된 자)

나. 잠복기보균자: 잠복기 중 감염성이 있는 자(홍역, 디프테리아, 백일해, 유행성 이하선염에 감염된 자)

다. 병후보균자: 임상 증상 소실 후 계속 병원체를 배출하는 자(장티푸스, 이질)

2) 환경에 대한 대책

① **예방:** 호흡기 계통은 공기의 소독이나 환기, 소화기 계통은 위생적인 식생활의 계몽, 피부, 점막은 개인적인 위생 도구의 사용, 동물 및 곤충은 발병된 동물의 조기 박멸과 위생 해충에 물리지 않도록 보건 교육 실시함

② **멸균:** 병원체와 비병원체를 불문, 미생물은 사멸함

③ **방부:** 미생물을 사멸 또는 발육을 억제시켜 식품 등의 부패를 방지함

3) 감염경로 대책

① **호흡기 계통:** 환자와의 직접 접촉(대화, 기침, 재채기 등)에 의해 감염, 예방 접종 실시

② **소화기 계통:** 환자와의 간접 접촉(분변 또는 토사물)에 의해 감염, 환경 위생 철저

③ **비뇨기 계통:** 환자의 소변 분비물에 의해 감염, 하수도를 완비하고 위생적인 변소로 개량

④ **매개 동물에 의한 전파:** 기계적, 생물학적 전파, 매개체인 쥐, 파리, 바퀴벌레 등 구제

⑤ **개방 병소:** 환자의 상처 또는 농창에 의한 감염, 소독 철저, 청결 유지

4) 감수성 대책

① **감수성:** 숙주에 침입한 병원체에 대항하여 감염이나 발병을 저지할 수 없는 상태

② **감수성지수(접촉감염지수):** 미감염자에게 병원체가 침입하였을 때 발병하는 비율

질병	지수(%)
천연두(두창)	95
성홍열	40
백일해	60~80
디프테리아	10
홍역	95
폴리오(소아마비)	0.1

5) 면역

① **선천적 면역:** 종속면역, 인종면역, 개인의 특이성

② **후천적 면역**

가. 자연능동면역: 질병 감염(불현성 감염 포함) 후에 획득한 면역

나. 인공능동면역: 예방접종 후에 획득한 면역

다. 자연수동면역: 모체의 태반 또는 모유로부터 면역 항체를 받아서 획득한 면역

라. 인공수동면역: 동물, 회복기 환자의 면역 혈청 등 인공 제제를 접종하여 획득한 면역

2. 식품학

(1) 식품의 기초 및 일반성분

식품	인간이 먹기 위하여 요리하거나 또는 그대로 먹을 수 있는 모든 재료
영양	식품을 섭취하여 체성분을 만들고 체내에서 에너지를 발생시켜 생명현상(생명, 성장, 건강 등)을 유지하는 일
영양소	외부로부터 섭취하는 영양에 관여하는 물질 • 열량소: 탄수화물, 지방, 단백질(3대 영양소) • 구성소: 단백질, 무기질, 물 • 조절소: 비타민, 무기질, 물(체내에서 생리적 기능을 조절) • 5대 영양소: 탄수화물, 지방, 단백질, 비타민, 무기질
기초식품군	• 단백질: 수조육류, 어패류, 알류, 콩류 • 칼슘: 우유 및 유제품, 뼈째 먹는 생선 • 무기질과 비타민: 채소류와 과일류, 해조류, 버섯류 • 탄수화물: 곡류와 감자류 • 지방: 식물성 식용유, 동물성 지방, 가공유지
식품의 구비조건	영양적 가치, 위생적 가치, 기호적 가치, 경제적 가치, 실용적 가치
식품의 분류	**식물성 식품** ① **곡류**: 쌀, 맥류(보리, 밀, 쌀보리, 귀리, 호밀), 잡곡(조, 기장, 수수, 피, 옥수수, 메밀) 등으로 장기간 저온 저장 가능 ② **두류(콩류)**: 콩, 팥, 녹두, 완두, 강낭콩, 땅콩 등 양질의 단백질과 지방 함유 ③ **감자류**: 감자, 고구마, 참마, 곤약, 토란 등 ④ **근채류**: 뿌리 또는 뿌리에 해당하는 부분을 식용으로 하는 무(비타민 C), 당근(프로비타민 A 다량 함유), 순무, 우엉, 연근, 양파 등 ⑤ **과채류**: 열매를 식용으로 하는 채소로 호박, 오이, 가지, 토마토, 수박, 참외 등 ⑥ **엽채류**: 잎, 줄기, 어린 싹을 식용으로 하는 채소로 상추, 양배추, 배추(비타민 C), 시금치(비타민 B군과 C 및 β-카로틴), 파, 셀러리, 미나리, 쑥갓, 쑥, 죽순 등 ⑦ **과실류**: 펙틴(Pectin)이 있어 채소와 달리 연하고 부드러운 감촉인 장과류(포도, 바나나, 딸기, 파인애플, 무화과 등), 인과류(감, 사과, 배, 밀감 등), 핵과류(자두, 복숭아, 매실, 앵두, 대추 등), 견과류(은행, 밤, 호두 등) 등 ⑧ **버섯류**: 엽록소가 없어 광합성을 하지 못하고, 다른 식물에 기생하여 생육하는 양송이버섯, 싸리버섯, 송이버섯, 표고버섯, 느타리버섯 등(칼륨이 많고 Na, Ca, Fe 등 함유) ⑨ **해조류**: 정장작용 및 무기질과 비타민 공급하는 녹조류(파래, 청각, 모자반), 갈조류(다시마, 미역, 톳), 홍조류(김, 우뭇가사리)

식품의 분류	**동물성 식품** ① **육류:** 식용동물의 근육(소, 돼지, 말, 양, 닭, 칠면조 고기 등) ② **우유류:** 천연에서 생산되는 단일식품으로 우유, 분유, 치즈, 요구르트, 발효유 등 ③ **난류:** 달걀, 메추리알, 오리알, 칠면조알 등 각종 영양소를 고르게 함유 ④ **어패류:** 동물성 단백질의 공급원으로 어류, 연체류(오징어, 해파리, 해삼 등), 갑각류(게, 새우 등), 조개류 등 **유지 식품** ① 식물성유지 가. 건성유: 요오드값이 130 이상인 것으로 페인트나 니스의 제조에 쓰이는 아마인유, 오동나무기름, 들깨기름 등 나. 반건성유: 요오드값이 100~130인 것으로 채종유(菜種油), 면실유, 참기름, 콩기름, 미강유(米糠油), 옥수수기름 등(식물유로서는 생산량이 가장 많고, 식용 화장비누의 제조원료 등 용도가 많음) 다. 불건성유: 요오드값이 100 이하인 동백기름, 올리브유, 피마자유, 땅콩기름 등 ② **동물성유지:** 동물의 지방 조직에 포함된 유지 ③ 가공유지 가. 경화유: 어유(魚油)나 콩기름 등 액상 기름에 수소를 첨가하여 만드는 백색고형(白色固形)의 인조지방(人造脂肪) 나. 마가린: 천연 버터의 대용품으로 만든 지방성 식품으로 정제된 동·식물성 기름과 경화유를 적당한 비율로 배합하고 유화제, 향료, 색소, 소금물 또는 발효유를 가하여 잘 섞고 유화시켜서 버터 상태로 만든 제품 **기타** ① **기호식품:** 주정음료(증류주, 혼성주, 양조주, 합성주)와 기호음료(커피, 차, 청량음료) ② **강화식품:** 식품이 본래 가지고 있는 풍미나 색을 변화시키지 않고 비타민, 무기질 등의 미량 영양소나 아미노산 등을 식품에 더함으로써 영양가를 강화시킨 식품(강화미, 강화밀, 강화된장, 강화간장 등) ③ **즉석식품:** 통조림, 냉동식품, 병조림, 라면, 건조채소, 즉석 수프 등 ④ 조미료 가. 천연감미료: 설탕, 꿀, 포도당, 과당, 이성화당, 엿, 젓당, 감차(甘茶), 감초(甘草) 등 나. 인공감미료: 사카린, 둘신, 시클라메이트, 아스파탐, 소르비톨 등 다. 화학조미료: 화학적으로 합성하거나 자연식품에서 추출한 조미료(글루타민산나트륨, 핵산조미료 등) 라. 소스: 서양요리에서 맛이나 빛깔을 내기 위하여 식품에 넣거나 위에 끼얹는 액체 또는 반유동 상태의 조미료를 총칭[우스터소스(Worcester sauce), 마요네즈 등] 마. 장류: 고추장, 간장, 된장, 청국장 등

(2) 식품의 구성성분

1) 식품 중의 수분

① **자유수(유리수):** 식품 중에 유리상태로 자유롭게 이동할 수 있는 보통의 수분

② **결합수:** 식품의 구성성분인 탄수화물이나 단백질 등의 유기물과 결합되어 있는 수분

자유수(유리수)	결합수
• 식품을 건조시키면 쉽게 증발 • 압력을 가하여 압착하면 제거 • 0℃ 이하에서는 동결 • 용질에 대해 용매로 작용 • 미생물의 생육과 번식에 이용 • 식품의 변질에 영향을 줌	• 식품을 건조해도 증발되지 않음 • 압력을 가하여 압착해도 쉽게 제거되지 않음 • 0℃ 이하에서는 동결되지 않음 • 용질에 대해 용매로 작용하지 못함 • 미생물의 생육과 번식에 이용되지 못함 • 보통의 물보다 밀도가 큼

③ **수분활성도(A_w):** 어떤 임의의 온도에서 식품이 나타내는 수증기압(P)을 그 온도에서 순수한 물의 최대 수증기압(P_o)으로 나눈 값

가. 수분활성(A_w)=식품이 나타내는 수증기압(P)/순수한 물의 최대 수증기압(P_o)($A_w < 1$)

나. 수분활성치: 물 1, 생선·채소·과일 0.98~0.99, 쌀·콩 0.60~0.64

다. 미생물 수분활성치: 세균 0.94~0.99, 효모 0.88, 곰팡이 0.80, 내건성 곰팡이 0.64

2) 탄수화물(당질)

① **구성:** C(탄소), H(수소), O(산소)

② **기능:** 열량공급원, 단백질 절약작용, 혈당 유지, 간 보호 및 해독작용, 지방의 완전 연소, 중추신경조직의 완전한 기능 유지 등

③ **단당류:** 체내에서 소화가 되면 단당류 형태로 흡수

가. 포도당(Glucose): 탄수화물의 최종 분해산물, 포유동물의 혈액 속에 0.1% 함유

나. 과당(Fructose): 과실과 꽃등에 유리상태로 포도당과 결합하여 서당이 됨

다. 갈락토오스(Galactose): 젖당의 구성성분으로 모유와 우유 등 포유동물의 유즙에 존재

④ **이당류:** 두 개의 단당류를 탈수 반응에 의해 합성한 화합물

가. 맥아당(Maltose, 엿당): 포도당 2분자가 결합된 당으로 엿기름에 많은 엿의 주성분

나. 설탕(Sucrose, 서당, 자당): 포도당과 과당이 결합된 당(160℃ 이상 가열하면 갈색색소인 캐러멜이 됨), 사탕무, 사탕수수, 당밀, 과실 등이 해당

다. 유당(Lactose, 젖당): 포도당과 갈락토오스가 결합된 당으로 포유류의 젖, 특히 초유 속에서 많이 발견되며, 모유에 6.7%, 우유에 4.5% 정도 함유

⑤ **다당류:** 단당류를 형성하는 분자량이 큰 탄수화물(단맛이 없으며 물에 녹지 않음)

가. 전분(Starch, 녹말): 식물의 저장 탄수화물로 다수의 포도당이 결합된 다당류로 곡물에 75%, 감자류에 25% 함유

나. 글리코겐(Glycogen): 동물의 저장 탄수화물로 간, 근육, 조개류 등에 함유

다. 섬유소(Cellulose): 식물 세포막의 구성성분으로 과일과 채소에 주로 함유, 인체 내에서는 소화 효소가 없지만 장의 연동 작용을 자극하여 배설 작용 촉진

라. 펙틴(Pectin): 과실류와 감귤류의 껍질에 많이 함유된 다당류

⑥ **당질의 감미도:** 과당(100~170) > 전화당(90~130) > 설탕(100) > 포도당(50~74) > 맥아당(35~60) > 갈락토오스(33) > 유당(16~28)

3) 지질

① **구성성분**

가. 구성: C(탄소), H(수소), 산소(O)

나. 성분: 지방산(3분자)과 글리세롤(1분자)의 에스테르 결합

② **기능:** 에너지 공급원, 뇌와 신경조직의 구성성분, 주요 장기보호 및 체온조절, 지용성 비타민의 인체 내 흡수를 도와주고 티아민의 절약작용

③ **단순지질:** 지방산+글리세롤. 중성지방(포화지방산, 불포화지방산), 유지, 왁스 등

④ **복합지질:** 지방산+글리세롤+다른 분자군. 인지질, 당지질, 아미노지질, 유황지질 등

⑤ **유도지질:** 단순지질과 복합지질이 가수분해될 때 생성되는 지방산, 고급 알코올, 탄화수소 등

⑥ **지방산:** 유지의 중요한 구성성분으로 지질의 가수분해로 생성

가. 포화지방산: 팔미트산, 스테아르산, 부틸산 등

나. 불포화지방산: 이중결합 1개 이상, 상온에서 액체상태, 식물성 기름에 많은 올레산, 리놀레산, 리놀렌산, 아라키돈산, EPA, DHA 등

다. 필수지방산: 불포화지방산 중 체내에서 합성되지 못하여 식품으로 섭취해야 하는 리놀레산, 리놀렌산, 아라키돈산 등

4) 단백질

① **구성:** C(탄소), H(수소), O(산소), N(질소), 질소 함량 약 16%, 질소계수 6.25

② **기능:** 체조직 구성(근육, 머리카락, 혈구, 혈장 단백질 등), 효소, 호르몬, 항체의 구성, 삼투압의 조절과 체액의 pH를 일정하게 유지, 에너지의 이차적 급원(1 g당 4 kcal), 물렁뼈 조직 형성과 뼈의 기초

③ **단순단백질:** 생명유지와 성장발육을 돕는 우유(카제인), 육류(미오신), 콩(글리시닌), 달걀(오브알부민, 오브글로불린)

④ **복합단백질:** 생명유지와 성장에 도움이 되는 쌀(오리제닌), 밀가루(글루테닌), 보리(홀데인)

⑤ **유도단백질:** 생명유지나 성장에 도움이 되지 않는 옥수수(제인), 육류(젤라틴)

⑥ **아미노산의 종류**

가. 필수아미노산

- 체내에서 필요한 만큼 충분히 합성되지 못해 음식으로 섭취해야만 하는 것으로 생명 유지, 성장에 필요
- 성인(8가지): 이소류신, 류신, 리신, 메티오닌, 페닐알라닌, 트레오닌, 트립토판, 발린
- 영아: 성인의 8가지 외에 히스티딘, 아르기닌 첨가

나. 불필수아미노산

- 체내에서 합성할 수 있는 것
- 글리신, 세린, 티로신, 알라닌, 글루타민산, 시스테인, 아르기닌 등

5) 비타민

① **비타민의 특성**

가. 체내에 소량 함유된 영양소로 생리 작용을 조절하여 성장, 건강을 유지시킴

나. 체내에서 합성되지 못하므로 반드시 음식으로 섭취해야 함

다. 지용성 비타민은 지방과 함께 흡수되며, 축적시 과잉 장애가 일어날 수 있음

라. 수용성 비타민은 물에 녹고 축적이 적으므로, 매일 일정량을 섭취해야 결핍 증세가 나타나지 않음

② **지용성 비타민의 종류**

종류	결핍증	함유 식품
비타민 A(항안성)	야맹증, 모공각화증, 안구 건조증	간, 버터, 녹황색 채소, 난황
비타민 D(항구루성)	구루병, 골연화증, 골다공증	대구, 간, 효모, 말린 버섯

비타민 E(항산화성)	불임증, 근육마비	곡식의 배아, 식물성 기름
비타민 K(응혈성)	혈액 응고 지연, 신생아 출혈	녹황색 채소, 동물의 간, 양배추

③ 수용성 비타민 종류

종류	결핍증	함유식품
비타민 B(항각기성)	각기병, 식욕부진, 피로, 권태감	곡류의 배아, 돼지고기, 콩류
비타민 B_2(성장촉진성)	구순구각염, 안질, 설염	우유, 간, 육류, 달걀, 셀러리
니아신(항펠라그라성)	펠라그라, 체중 감소, 빈혈	효모, 어육류, 동물의 간
비타민 B_6(항피부성)	피부병, 저혈소성 빈혈	미강, 효모, 동물의 간, 난황
비타민 B_{12}(항악성 빈혈성)	악성 빈혈	동물의 간, 조개류, 치즈, 육류
비타민 C(항괴혈성)	괴혈병, 피하출혈, 체중 감소	채소, 과일, 감자

6) 무기질

① **성분:** 체중의 4%가 무기질로 구성되어 있으며 칼슘과 인이 4분의 3차지, 4분의 1은 칼륨, 황, 나트륨, 염소, 구리, 철, 마그네슘, 망간, 요오드, 아연 등으로 미량 존재

② **기능:** 체액의 pH 및 삼투압, 소화액 및 체내 분비액의 산과 알칼리 조절

③ **알칼리성 식품:** 나트륨, 칼슘, 칼륨, 마그네슘을 함유한 식품(채소, 과일, 우유, 기름, 굴 등)

④ **산성 식품:** 인, 황, 염소를 함유한 식품(곡류, 육류, 어패류, 달걀류)

⑤ **무기질의 종류와 기능**

가. 칼슘(Ca): 골격과 치아 형성, 혈액 응고, 근육 탄력, 심장, 근육의 수축과 이완을 조절

나. 인(P): 칼슘, 마그네슘과 결합하여 골격을 형성, 근육, 뇌, 신경세포 안에 존재

다. 철(Fe): 헤모글로빈의 주성분, 산소운반, 간장, 근육, 골수에 존재

라. 나트륨(Na): 신경 흥분의 전달, 삼투압과 pH 평형 유지

마. 요오드(I): 갑상선 호르몬인 티록신의 구성성분, 에너지 대사 조절, 지능 발달에 관여

바. 구리(Cu): 헤모글로빈 형성의 촉매 작용, 체내 철의 이용 도움

사. 칼륨(K): 삼투압 유지 및 pH조절, 신경 전달과 근육의 수축, 단백질 합성에 관여

아. 아연(Zn): 사춘기의 성장 및 성적 성장에 도움, 인슐린, 적혈구의 구성성분

자. 불소(F): 뼈와 치아를 단단하게 하여 충치 예방

차. 코발트(Co): 비타민B_{12}의 구성성분, 간접적으로 적혈구 구성에 관계

카. 염소(Cl): 위액의 산도 조절, 소화를 도움, 염화나트륨으로 존재

타. 마그네슘(Mg): 골격과 치아 형성, 당질대사 효소의 구성성분, 신경과 근육의 흥분 억제

(3) 식품의 특수성분

1) 식품의 맛

① **종류:** 기본맛(단맛, 신맛, 쓴맛, 짠맛)과 보조맛(매운맛, 감칠맛, 떫은맛, 아린맛)

② **미각분포도:** 일반적으로 단맛의 혀의 앞부분(끝부분), 짠맛은 혀의 전체, 신맛은 혀의 양쪽 둘레, 쓴맛은 혀의 안쪽부분에서 느낌

③ **맛과 온도:** 일반적으로 혀의 미각은 10~40℃에서 잘 느낌. 특히 30℃에서 가장 예민하게 느끼는데, 온도가 낮아질수록 둔해짐

④ **최적온도(℃):** 쓴맛(40~50), 짠맛(30~40), 매운맛(50~60), 단맛(20~50), 신맛(5~25)

⑤ **맛의 종류**

가. 단맛의 상대적 감미도: 페릴라틴 > 사카린 > 과당 > 전화당 > 설탕 > 포도당 > 엿당 > 갈락토오스 > 젖당

나. 짠맛: 대표적인 소금(NaCl)

다. 신맛: 대부분의 신맛은 수소이온(H^+)이며 식용이 되는 산은 식초산(식초), 젖산(김치, 유제품), 구연산(과실, 채소류), 사과산(과실), 주석산(포도), 호박산(청주, 조개류)

라. 쓴맛: 차, 커피의 카페인, 코코아, 초콜릿의 데오브로민, 양귀비의 모르핀, 무기질의 쓴맛은 칼슘과 마그네슘의 이온

마. 매운맛: 생리적인 통각으로 식욕 증진과 살균 및 살충작용, 알리신(마늘), 캡사이신(고추), 피페린(후추), 쇼가올(생강), 산초(산술)

바. 떫은맛: 차와 감의 탄닌 성분

사. 감칠맛: 여러 맛의 성분이 혼합되어 조합된 맛, 호박산, 이노신산, 글루탐산나트륨

아. 아린맛: 떫은맛과 쓴맛이 혼합된 맛, 죽순, 고사리, 가지, 우엉, 토란 등

⑥ **맛의 변화**

가. 내비현상: 주된 맛을 내는 물질에 다른 맛을 혼합할 경우에 원래의 맛이 강해지는 현상

나. 변조현상: 한 가지 맛을 본 직후에 다른 맛을 정상적으로 느끼지 못하는 현상

다. 상쇄현상: 맛이 혼합될 경우 각각의 맛을 알지 못하고 조화된 맛만 느끼는 현상

라. 피로현상: 미각이 둔해져 맛을 알 수 없게 되거나 그 맛이 변하는 현상

마. 미맹: PTC의 쓴맛을 느끼지 못하고 무미 또는 다른 맛으로 느끼는 현상

2) 식품의 색깔

① 식물성 식품의 색소

가. 수용성 식품의 색소

- 플라보노이드 색소: 식물계에 흔히 있는 황색 색소로 물에 삶으면 황색이 되는 경우
- 안토시안 색소: 과실, 꽃 뿌리에 있는 빨간색, 자색, 청색의 색소로 산성에서는 적색, 중성에는 자색, 알칼리에서는 청색이 되는 경우

나. 지용성 식품의 색소

- 클로로필 색소: 녹색 채소의 색(엽록소)으로 산에 의하여 녹황색(갈색)으로 변색, 알칼리에서는 선명한 녹색 유지
- 카로티노이드 색소: 황색, 적색으로 당근, 토마토, 고추, 감 등에 있는 색소

② 동물성 식품의 색소

가. 미오글로빈: 붉은 근육색소, 육류 및 가공품에 있어 중요한 색소, 철(Fe) 함유

나. 헤모글로빈: 붉은 혈색소, 철(Fe) 함유, 가열 또는 공기 중에 방치하면 암갈색으로 변색

3) 식품의 냄새

① 식물성 식품의 냄새

가. 알코올 및 알데히드류: 주류, 감자, 복숭아, 오이, 계피, 차잎 등

나. 테르펜류: 녹차, 찻잎, 레몬, 오렌지 등

다. 에스테르류: 주로 과일 향

라. 황화합물: 마늘, 양파, 파, 무, 부추, 고추, 냉이 등

② 동물성 식품의 냄새

가. 아민류 및 암모니아류: 육류, 어류 등

나. 카르보닐 화합물 및 지방산류: 치즈, 버터 등의 유제품

③ 자연식품의 냄새

가. 어류의 비린내: 트리메탈아민

나. 과실류: 주로 에스테르

다. 채소류: 주로 황화합물

4) 식품의 갈변

① **효소적 갈변**

가. 과실과 채소류 등을 파쇄하거나 껍질을 벗길 때 일어나는 현상

나. 원인: 과실과 채소류의 페놀 화합물이 갈색 색소인 멜라닌으로 전환하기 때문

- 폴리페놀 옥시다아제에 의한 갈변: 사과, 배, 가지
- 티로시나아제에 의한 갈변: 감자, 고구마

다. 효소에 의한 갈변 방지 방법

- 열처리: 데치기(블렌칭)와 같이 식품을 고온에서 열처리하여 효소 불활성화
- 산 이용, 산소 제거, 당 또는 염류 첨가, 효소의 작용 억제

② **비효소적 갈변**

가. 마이야 반응(아미노카아보닐, 멜라노이딘 반응): 외부 에너지 공급 없이 자연 발생적으로 일어나는 반응(분유, 간장, 된장, 오렌지 주스 등의 반응)

나. 캐러멜화 반응: 당류를 고온(180~200℃)으로 가열하였을 때 산화 및 분해 산물에 의한 중합, 축합 반응(간장, 소스, 합성청주, 약식 및 기타 식품가공에 이용)

다. 아스코르브산(Ascorbic acid)의 반응: 감귤류의 가공품인 오렌지 주스나 농축물 등에서 일어나는 갈변 반응(과채류의 가공식품에 이용)

5) 식품의 변질

① **원인:** 미생물의 증식과 효소의 작용 등이 원인이 되어 발생

② **변질의 촉진 요인:** 수분, 온도, 열, 일광, 산소, 광선, 금속 등

③ **변질의 간접적인 현상:** 건조나 흡습 등의 물리적 변화

④ **부패:** 단백질 식품이 혐기성 미생물에 의해 분해되어 악취, 유해성 물질을 생성하는 현상(부패를 촉진하는 요인: 산소, 열, 광선, 금속, 수분, 온도, 영양소, pH 등)

⑤ **변패:** 미생물의 영향으로 단백질 이외의 당질과 지질 등이 변질되는 현상

⑥ **산패:** 유지를 방치해 두었을 때 산성이 되어 악취, 맛이 나빠지거나 빛깔이 변하는 현상

⑦ **발효:** 미생물이 효소로 유기물을 분해 또는 변화시켜 탄수화물이 무산소적으로 분해되는 과정(발효는 생성물을 식용으로 하기 때문에 변질과는 다름)

6) 식품의 보존법

① **건조법**: 세균은 수분 15% 이하에서 번식하지 못하지만, 곰팡이는 수분 13% 이하에서 번식 가능

가. 일광건조: 농산물, 해산물

나. 고온건조: 녹말의 호화현상을 이용한 건조 쌀밥, 건조 떡

다. 열풍건조: 육류, 어류, 달걀류 등

라. 분무건조: 분유, 분말과즙 등 액체 식품의 건조에 이용하는 법

마. 냉동건조: 한천, 당면, 건조 두부(식품의 신선도 유지와 제품의 복원성이 좋다)

바. 감압건조: 저온에서 식품을 감압 건조하는 방법으로 건조채소, 건조달걀 등(산소가 적고 온도가 낮으므로 식품의 성분 변화가 적음)

사. 직화건조: 불에 쬐어 말리는 것(배건법)으로 보리차, 커피, 찻잎

아. 진공건조: 높은 온도에서 취급할 수 없는 재료를 건조할 때 사용하는 방법

자. 적외선건조: 전구 등에서 나오는 적외선을 이용하여 식품을 건조하는 방법

차. 기타: 증발건조(엿, 연유 등), 고주파건조, 포말건조, 가압건조, 피막건조, 유병건조 등

② **냉장, 냉동법**

가. 냉장법: 단기 저장 시 이용하는 방법으로 식품을 0~10℃의 저온에서 보관(과실 및 채소: 0~4℃, 육류:0~5℃)

나. 냉동법: −30~−40℃에서 식품을 급속 동결하여 −15℃ 이하에서 보관하는 방법

- 식품의 급속 동결은 해동 시 품질의 저하를 막을 수 있음
- 냉동식품의 해동: 저온에서 자연해동(냉장 상태 또는 물속에서 해동)

다. 움장법: 식품을 움 속에 10℃ 유지하며 저장하는 방법

③ **가열살균법**: 미생물과 효소를 파괴시켜서 저장하는 방법으로 저온살균법(우유, 술, 주스), 간헐살균법, 고온순간살균법(우유, 주스), 초고온순간살균법(UHT), 고온장시간살균법(통조림)

④ **염장법**: 소금을 사용하여 저장하는 염수법(식품을 소금물에 담그는 법, 물간법), 건염법(식품에 소금을 직접 뿌리는 법, 마른간법)

⑤ **당장법**: 설탕(50% 이상)을 사용하여 저장하는 방법(잼, 젤리, 가당연유)

⑥ **훈연법**: 식품에 목재연소의 연기를 쐬어 저장성과 기호성을 향상시키는 방법(소시지, 햄, 베이컨)

⑦ **가스저장법(CA저장)**: 이산화탄소(CO_2), 질소(N_2) 가스 등 불활성 가스 사용(과실류, 채소류, 난류)

⑧ **산저장법:** 초산, 젖산, 구연산 등을 이용하여 저장하는 방법(pH를 낮추어 미생물의 번식 억제)

⑨ **조사살균법:** 자외선 조사법, 방사선조사법

⑩ **미생물처리법:** 특수한 미생물을 발육시켜 그 식품에 다른 미생물이 번식하는 것을 방지하는 방법(김치, 치즈 등)

⑪ **레토르트 파우치(Retort pouch):** 조리가공 한 여러 가지 식품을 밀봉한 후 고온에서 가열 살균하여 장기간 식품을 보존할 수 있도록 만든 가공 저장 식품

가. 캔 식품에 비해 부드럽고 가벼워 운반하기 용이

나. 주머니째 데울 수 있고, 간단하게 주머니를 열 수 있음

다. 가열 살균할 때 열의 전달 속도가 빨라 시간을 단축시켜 색과 향미가 좋은 제품을 만들 수 있음

⑫ **통조림**

가. 특징: 진공상태에서 가열, 살균하므로 장기간에 걸쳐 상품가치를 유지, 대량생산되므로 경비가 적게 들고, 전부 먹을 수 있어 경제적임

나. 제조 공정

- 제조 공정과정: 원료 → 세정 → 조리 → 담기 → 조리액 채우기 → 탈기(脫氣) → 밀봉 → 살균 → 냉각 → 검사 → 상자에 넣어 포장하기 → 운반
- 탈기: 용기 안의 공기를 제거하는 공정(권체 부위의 파손 방지, 호기성균의 번식 억제)
- 밀봉: 식품의 부패를 방지하기 위해 실시(용기 안의 진공도 유지)
- 살균: 과일, 채소, 술, 우유 등(저온살균 60~85℃에서 15~30분간), 어류, 육류 등(가압살균 100℃ 정도)
- 냉각: 내용식품의 품질과 빛깔의 변화를 방지(보통 40℃)
- 검사: 외관검사, 타관검사, 가온검사, 진공검사, 개관검사

다. 통조림의 변질

- 외관상의 변질: 내용물이 부패한 것은 가스가 팽창(살균이 미흡, 세균이 번식하여 발생하는 가스) 해있으므로 뚜껑이 불룩함
- 내용물의 변질: 내용물이 신맛을 내는 플랫 사우어(Flat sour), 미숙한 과일로 통조림을 제조하였을 때 펙틴의 용출, 변색, 곰팡이가 발생함

7) 식품과 효소

① 효소의 정의

가. 생체 내에서 화학반응을 효율적으로 일어나게 하는 작용을 말함

나. 단백질을 변성시키는 열, 강산, 강염기, 유기용매 등에 의해 활성을 상실하면 촉매작용을 하지 못함

다. 가수분해 효소와 같이 단순단백질에 속하는 것과 산화환원 효소 등과 같이 단백질 부분과 비단백질 부분(보결분자단)으로 된 복합단백질에 속함

② 효소의 특징

가. 세포 내에 존재하며 각 효소는 한 종류의 반응에만 작용함(기질특이성)

나. 고분자의 단백질로, 기질특이성은 바로 단백질의 3차 구조 때문임

다. 활성화 에너지를 낮추어서 생체반응을 촉진시키는 역할을 함

라. 인체와 비슷한 온도에서 최대로 활성화되며, 그 이하의 온도에서는 온도에 따라 효소의 촉매속도가 증가하고, 체온을 넘어선 온도에서는 단백질의 구조 변형으로 급격하게 효소의 촉매속도가 감소함

마. 비단백질 성분인 보조인자(철, 아연 등의 금속이온)의 도움으로 촉매작용을 함

③ 효소의 분류

가. 가수분해효소: 물의 도움을 받아 기질을 분해하는 아밀라아제, 말타아제, 아르기나아제

나. 산화환원효소: 물질의 산화환원 촉진하는 옥시다아제, 탈수소 효소

다. 전이효소: 기질의 원자단을 다른 기질에 옮기는 크레아틴키나아제, 트렌스아미나아제

라. 제거(분해)효소: 기질을 분해하는 카탈라아제, 카르복실라아제

마. 이성화 효소: 기질 내의 원자 배열을 변경하는 6탄당인산, 이소머라아제

바. 합성효소: ATP를 써서 합성반응을 진행하는 시트르산 합성효소, 글루탐산 합성효소

3. 조리이론과 원가계산

(1) 조리과학

1) 조리의 정의

식품을 절단, 분쇄, 가열, 조미료의 첨가 등 물리적, 화학적 조작을 가하여 먹기 좋고, 맛있고, 보기 좋게 하여 식욕이 나도록 음식물을 만드는 과정을 말함

2) 조리의 목적

① **기호성:** 향미와 외관 등을 좋게 하여 기호성을 높임

② **안전성:** 유독성분 등의 위해물을 제거하여 위생상 안전하게 함

③ **영양성:** 소화를 용이하게 하여 영양효율을 높임

④ **저장성:** 음식의 저장성을 높임

3) 조리과학을 위한 지식

① **호화(α-화):** 전분에 물을 넣고 가열하면 전분입자가 물을 흡수하여 팽창하는 것을 말하며 호화(α-화)된 전분은 부드러워 소화가 잘되며 맛이 좋음

가. 구성: 전분은 아밀로오스와 아밀로펙틴으로 구성, 생 전분(날 것)은 β-전분, 익힌 전분은 α-전분임

나. 호화되기 쉬운 조건: 가열온도가 높을수록, 입자의 크기가 작을수록, 가열시 첨가하는 물의 양이 많을수록, 가열하기 전 수침(물에 담그는)시간이 길면 α-화되기 쉬움

② **노화(β-화):** 호화된 전분을 상온에서 방치하면 전분으로 되돌아가려는 변화를 말함

가. 전분이 노화되기 쉬운 조건: 아밀로오스(Amylose)의 함량 비율이 높을수록 빠름

- 찹쌀로 만든 떡보다 멥쌀로 만든 떡이 노화가 빨리 일어남
- 수분 30~60%, 온도 0~4℃일 때 가장 일어나기 쉬움
- 저온에서의 호화, 가열시간이 짧은 경우 등 호화가 불충분할 때 일어나기 쉬움
- 황산, 염산 등 강산의 경우 농도(pH)가 낮아도 노화속도는 증가함
- 옥수수, 밀의 전분은 노화되기 쉬우며, 감자, 찰옥수수의 전분은 잘 노화되지 않음

나. 노화 억제방법

- 0℃ 이하로 탈수하거나 α-화된 전분을 80℃ 이상의 온도에서 급속히 건조, 수분 함량을 15% 이하는 노화 방지할 수 있음

• 설탕의 첨가나 유화제의 사용으로 노화를 방지할 수 있음

③ **전분의 호정화:** 전분에 물을 가하지 않고 160~170℃로 가열하여 익힘

가. 호정화 된 전분은 노화현상이 일어나지 않음

나. 미숫가루, 비스킷, 건빵, 등산용 쌀 등이 있음

(2) 식품의 조리

1) 쌀의 조리

① **쌀**

가. 모양: 쌀은 투명하고 윤기가 돌며 통통한 모양이어야 함

나. 수분: 쌀의 수분은 15% 정도(완성된 밥은 65% 수분)가 적당함

② **밥 짓기**

가. 씻기: 쌀을 씻을 때 비타민 B_1의 손실을 줄이기 위해 가볍게 3회 정도 씻음

나. 침수: 멥쌀은 30분, 찹쌀은 50분 정도 물에 담가 놓으면 물을 최대로 흡수함

다. 물의 분량: 쌀의 종류와 수침시간에 따라 다르며 잘된 밥은 쌀의 2.5~2.7배

③ **쌀의 종류에 따른 물의 분량**

쌀의 종류	중량(무게) 비율	체적(부피) 비율
백미(보통)	쌀 중량의 1.5배	쌀 부피의 1.2배
햅쌀	쌀 중량의 1.4배	쌀 부피의 1.1배
찹쌀	쌀 중량의 1.1~1.2배	쌀 부피의 0.9~1배

2) 소맥분(밀가루)의 조리

① **밀가루의 점탄성:** 밀가루에 물을 가하면 점탄성을 가진 도우(Dough)가 됨

밀의 단백질인 글리아딘(Gliadin)과 글루테닌(Glutenin)이 결합하여 글루텐(Gluten)을 형성하기 때문에 글루텐의 함량에 따라 밀가루의 종류와 용도가 결정됨

가. 반죽한 것을 비닐에 싸서 놔두면 글루텐이 많이 형성되어 탄력이 강해짐

나. 설탕, 지방, 전분 등을 첨가하면 글루텐 형성을 방해함

② **밀가루의 종류와 용도**

가. 강력분(13% 이상): 식빵, 마카로니 등

나. 중력분(10~13%): 면류, 파이 등

다. 박력분(10% 이하): 케이크, 쿠키, 튀김옷 등

③ **국수 삶기:** 국수 무게의 6~7배 가량의 끓는 물에 국수를 넣어 가능한 한 빨리 호화되도록 삶고, 국수가 익으면 빨리 냉수에 헹궈 국수가 엉켜 붙는 것을 방지해 탄력을 유지하도록 함

3) 두류 제품의 조리

① **두류의 구성:** 단백질(100 g당 40 g 정도)과 지방이 풍부하고, 주단백질은 글리시닌(Glisinin)으로 날콩의 단백질은 소화율이 낮지만 익힌 콩은 소화율이 70~80% 정도임

가. 고단백질 저탄수화물: 대두(콩), 낙화생 등

나. 저단백 고탄수화물: 팥(소두), 녹두, 완두, 강낭콩 등

② **두류의 조리법**

가. 침수: 조리하기 전에 수침하여 최대한 물을 흡수하게 하면 시간과 연료를 절약할 수 있으며, 수온이 높을수록 물의 흡수시간이 단축됨

나. 연화: 콩을 빨리 연화시키는 방법으로 1%의 식염수에 담가 두었다가 끓이는 방법과 0.3%의 중조(탄산수소나트륨)를 가하여 끓임

다. 콩나물: 비타민 B군과 비타민 C의 손실을 줄이기 위하여 약간의 소금을 넣어 조리함

라. 재래식 된장은 오래 끓여야 맛이 좋고, 개량된장은 잠깐 끓여야 맛이 좋음

마. 두부: 대두로 만든 두유를 70℃ 정도에서 두부 응고제인 황산칼슘($CaSO_4$) 또는 염화마그네슘($MgCl_2$)을 가하여 응고시킨 것으로 두부가 풀어지는 것을 막기 위해서는 0.5% 식염수를 사용함

4) 채소, 과일의 조리

① **채소, 과일의 구성:** 수분을 80~90% 정도 함유하고 다량의 비타민과 나트륨(Na), 칼슘(Ca), 칼륨(K), 마그네슘(Mg) 등의 무기질을 많이 함유하여 알칼리성 식품에 속함

② **채소, 과일의 조리**

가. 채소는 보관 중에도 호흡작용에 의해 선도가 저하되므로, 어둡고 온도가 낮으며 습도가 높은 곳에 보관함

나. 채소를 가열하면 조직이 연해져 조미료를 침투시켜 먹기 좋고 소화도 잘됨

다. 채소는 물에 씻고 난 후에 써는 것이 좋으며, 잘게 썰어 단면이 많으면 수용성 성분의 용출이 많아짐

라. 당근에는 비타민 C를 파괴하는 효소인 아스코르비나제(Ascorbinase)가 있어 무와

함께 갈면 무의 비타민 C 손실이 많아짐

마. 과일은 날 것으로 먹는 것이 좋으며 딸기는 씻은 다음 꼭지를 따고, 감귤류는 자르지 않고 그냥 먹는 것이 비타민 C의 보존에 좋음

③ 조리에 의한 색의 변화

가. 엽록소(Chlorophyll, 클로로필): 녹색 채소에 들어 있는 색소

- 산에 약하므로 식초를 사용하면 누런 갈색이 됨
- 녹색채소를 데칠 때에는 끓는 물에 뚜껑을 열고 단시간에 조리함
- 알칼리 성분인 중탄산소다 및 황산동으로 처리하면 안정된 녹색을 유지함

나. 안토시안(Anthocyan) 색소

- 산성에는 적색, 중성에는 보라색, 알칼리에서는 청색이 됨
- 철(Fe) 등의 금속이온과 결합하면 고운 청색이 됨
- 가지를 삶을 때 백반을 넣으면 보라색을 보존할 수 있음

다. 플라보노이드(Flavonoid) 색소

- 콩, 밀, 쌀, 감자, 연근 등의 흰색이나 노란색 색소임
- 산에 안정하나 알칼리와 산화에는 불안정함
- 약산성에서는 무색이고, 알칼리에서는 황색, 산화하면 갈색이 됨

라. 카로티노이드(Carotenoid) 색소

- 등황색, 녹색채소에 들어 있는 황색이나 오렌지색 색소임
- 당근은 등황색, 고구마, 옥수수는 황색, 토마토는 빨간색이 해당됨
- 공기 중의 산소나 산화효소에 의해 쉽게 산화되어 퇴색함

④ 과일 및 채소의 갈변 방지

가. 사과, 배 등의 갈변은 구리나 철로 된 칼의 사용을 피하고 묽은 소금물 1%에 담금

나. 감자, 고구마의 갈변은 티로시나아제에 의하는데 이 효소는 수용성이므로 물에 담가 두면 갈변을 방지할 수 있음

다. 바나나의 갈변은 레몬즙을 뿌려 두면 방지할 수 있음(밀감류의 비타민 C가 효소작용을 억제함)

라. 푸른 잎채소를 데칠 때 냄비의 뚜껑을 덮으면 유기산에 의해 갈색으로 변하므로 뚜껑을 열고 끓는 물에 단시간에 데치는 것이 좋음

5) 유지류의 조리

① 구성

가. 화학적으로 글리세롤과 지방산으로 구성됨

나. 지용성 비타민(비타민 A, D, E, K)의 흡수를 촉진함

② 유지류의 발연점과 조리

가. 식용유는 융점이 낮은 것이 좋음

나. 튀김기름은 발연점이 낮으면 튀김을 했을 때 기름이 많이 흡수되므로 발연점이 높은 것이 좋음

다. 튀김그릇이 넓으면 표면적이 넓어져 발연점이 낮아지므로 좁은 것이 좋음

라. 300℃ 이상의 고열로 가열하면 글리세롤이 분해되어 검푸른 연기를 내는데 이것은 아크로레인(Acrolein)으로 점막을 해치고 식욕을 잃게 함

③ 발연점에 영향을 주는 조건

가. 유리지방산의 함량: 유리지방산의 함량이 높은 기름은 발연점이 낮음

나. 기름의 표면적: 같은 기름이라도 기름을 담은 그릇이 넓으면 발연점이 낮음

다. 기름과 이물질의 존재: 기름이 아닌 다른 물질이 섞이면 기름의 발연점이 낮음

라. 사용횟수: 반복 사용한 기름은 횟수의 증가에 따라 발연점이 낮음(한번 사용할 때마다 10~15℃ 정도씩 낮아짐)

④ 유화성

가. 분자 중에 친수성과 친유성을 가지고 유화시키는 물질을 유화제라고 함

나. 유화식품에는 생크림, 아이스크림, 균질우유, 마요네즈, 기름이 많이 들어 있는 케이크 반죽 등이 있음

⑤ 연화

가. 밀가루 반죽에 지방을 넣으면 글루텐 표면을 둘러싸서 글루텐이 길고 복잡하게 연결되는 것을 방지해서 음식이 부드럽고 연해지는데, 이를 연화(쇼트닝화)라고 함

나. 지방의 양이 너무 많으면 글루텐이 거의 형성되지 못하여 튀길 때 풀어지거나 구울 때 부서지기 쉬움

다. 고기의 연화법: 숙성, 기계적 방법, 단백질 분해효소의 첨가, pH 변화, 조미료의 첨가(식초, 레몬즙, 소금, 간장, 설탕, 술 등)로 부드럽게 함

⑥ 산패

가. 지방은 효소, 광선, 미생물, 수분, 금속 등에 의해 산화됨

나. 지방이 산패하면 맛과 영양소가 저하되고 악취를 내며 신맛을 가짐

다. 산패를 막으려면 공기와의 접촉을 적게 하고 냉암한 곳에 저장하며, 사용한 기름은 새 기름과 섞지 말아야 함

6) 육류의 조리

① 사후경직과 숙성

가. 동물은 도살하여 방치하면 조직이 단단해지는 사후강직이 일어남

나. 숙성: 근육 자체 자기소화 현상이 일어나면서 고기는 연해지고 풍미향상, 소화가 잘되는 현상임

다. 사후경직은 동물의 종류에 따라 각기 다름(닭고기 6~13시간, 소·말 12~24시간, 돼지 3일 소요)

라. 숙성은 동물의 종류와 온도에 따라 다르고, 일반적으로 2~4℃에서 우육은 도살 후 10일, 돈육은 3~5일, 계육은 12시간~1일이며 온도가 높을수록 숙성은 단기간에 종료됨

② 가열에 의한 고기의 변화

가. 응고: 고기의 단백질은 열, 산, 염에 의해서 응고되며, 열에 의해서는 65℃ 부근에서 응고됨(중량 감소, 보수성 감소)

나. 수축: 고기를 가열하면 응고가 시작되면서 수축이 시작됨

다. 분해: 65℃에서 서서히 분해되어 80℃ 이상에서 젤라틴화가 일어남

라. 결합조직의 변화: 콜라겐이 젤라틴화(지방의 융해)되면서 고기는 연해짐

마. 풍미의 변화, 색의 변화(선홍색 → 회갈색)가 일어남

③ 육류의 조리법

가. 습열조리법: 물과 함께 고기를 가열하는 것으로 결합조직이 많은 사태육, 양지육, 장정육, 업진육 등으로 편육, 장조림, 탕, 찜 등의 조리를 함

나. 건열조리법: 결합조직이 적은 등심, 안심, 갈비 등, 살이 연한 부분을 구이, 불고기, 튀김 등의 조리를 함

다. 냉동육과 편육조리

- 냉동육은 냉장고 또는 흐르는 물에서 서서히 해동함
- 편육은 끓는 물에 고깃덩어리를 넣고, 탕을 할 때는 냉수에 고리를 넣고 조리함
- 편육은 환자의 지방제한 식사나 무지방 식사에 좋음

④ 부위별 조리의 용도

소고기	돼지고기
• 소머리: 편육, 찜 • 장정육: 구이, 전골, 편육, 조림 • 양지육: 구이, 전굴, 조림, 편육, 탕 • 등심: 전골, 구이, 볶음 • 갈비: 찜, 구이, 탕 • 쐬악지: 조림, 탕 • 채끝살: 구이, 조림, 찜, 찌개, 전골 • 안심: 전골, 구이, 볶음 • 업진살: 편육, 탕, 조림, 육수	• 머리: 편육 • 어깨살: 구이, 찜, 찌개 • 등심: 구이, 찜, 찌개 • 안심: 구이, 찜 • 갈비: 구이, 찜, 탕 • 삼겹살: 편육, 구이, 조림 • 볼기살: 조림, 편육 • 넓적다리: 구이, 편육 • 족: 탕, 찜
• 우둔살: 조림, 포, 구이, 산적, 육회, 육전 • 대접살: 구이, 조림, 육회, 육포, 산적 • 홍두깨살: 조림, 탕 • 중치살: 조림, 탕 • 꼬리: 탕 • 사태: 탕, 조림, 편, 찜 • 족: 족편, 탕	–

7) 어류의 조리

① 생선의 성분

가. 단백질: 생선의 근섬유를 주체로 하는 섬유상 단백질인 미오신(Myosin), 액틴(Actin), 액토미오신(Actomyosin)으로 구성, 전체 단백질의 약 70%를 차지하고 소금에 녹는 성질이 있어 어묵으로 만듦

나. 지방: 약 80%가 불포화 지방산이고 나머지 약 20%가 포화 지방산으로 구성됨

② 생선의 근육

가. 어류는 담수어와 해수어가 있으며, 해수어가 담수어에 비해 훨씬 맛이 좋고, 지방분이 많은 어류가 맛이 좋음

나. 어류에는 지방분이 많고 살코기가 붉은 적색어류(꽁치, 고등어, 청어 등)와 지방분이 적고 살코기가 흰 백색 어류(광어, 민어, 도미, 가지미 등)가 있음

다. 적색 어류는 백색 어류보다 자가소화가 빨리 오고, 담수어는 해수어보다 낮은 온도에서 자가소화가 됨

라. 생선의 복부에는 지방이 많아 맛이 좋으며 산란 직전에는 복부뿐만 아니라 전체에 기름이 올라 맛있음

마. 어류는 사후강직 시 맛이 있고, 강직 이후 자가소화와 부패가 일어남

③ 생선의 조리

가. 생선회는 등뼈를 중심으로 껍질을 벗기고 3장 포뜨기를 함

나. 생선을 소금에 절이는 경우 생선 무게의 2% 정도의 소금이 적당함

다. 생선은 물이나 양념장이 끓을 때 넣어야 생선의 원형을 유지하고 영양 손실을 줄임

라. 어육단백질은 열, 산, 염에 의해 응고되어 살이 단단해짐

마. 생선을 조릴 때 비린내를 제거하기 위해 생강, 술, 설탕, 간장, 파, 마늘 등의 양념을 사용하는데 특히, 생강과 술이 탈취효과가 많고 생강은 끓고 난 후 나중에 넣는 것이 효과적임

바. 조개류는 물을 넣어 가열하면 호박산(Succinic acid)에 의해 독특한 국물 맛을 냄

사. 새우, 게, 가재 등의 갑각류는 가열하면 변색됨

④ 생선의 비린내 제거방법

가. 물로 씻기: 생선의 비린 냄새를 내는 성분은 트리메틸아민(Trimethylamine)으로, 뜨거운 물을 살짝 끼얹어 냉수로 깨끗이 씻으면 어느 정도 비린내를 없앨 수 있음

나. 산의 첨가: 생선의 조리 시 산(식초, 레몬즙, 유자즙 등)을 첨가하면 트리메틸아민과 결합하여 냄새가 감소됨

다. 알코올의 첨가

- 알코올에는 호박산이 함유되어 있으므로 어취 제거와 맛의 향상에 도움을 줌
- 포도주는 생선비린내를 없애고 향기를 더해주며 육류 조리 시 알코올과 효소에 의해 연육작용을 함
- 정종에는 호박산을 비롯한 지미성분이 많이 있음
- 미림은 설탕보다 고급 감미성분으로 점도가 높으며, 생선조림에서 좋은 맛을 냄

라. 우유의 첨가: 생선을 조리하기 전에 우유에 담가 두면 우유 단백질인 카제인이 트리메틸아민을 흡착하여 비린내를 약화시킴

마. 생강 등 기타: 생선을 조릴 때 생각, 설탕, 된장, 간장, 깨소금, 파, 양파, 마늘, 고추, 후추 등의 양념을 사용하면 비린내를 없애는 데 효과적임

8) 알(난)류의 조리

① **달걀의 구성:** 달걀은 껍질 및 난황(노른자)과 난백(흰자)으로 구성되어 있으며 난백은 90%가 수분이고 나머지는 거의 단백질, 난황은 약 50%가 고형분이고 단백질 외에 다량의 지방과 인(P), 철(Fe)이 있음

② **열 응고성**

가. 난백은 60℃에서 응고되기 시작하여 65℃에서 완전히 응고, 난황은 65℃에서 응고되기 시작하여 70℃에서 완전히 응고됨

나. 달걀은 반숙(약 90분)이 소화가 가장 빠르고 달걀 프라이(약 3시간)가 가장 늦음

③ **난백의 기포성:** 달걀의 흰자를 저어주면 기포(거품)가 형성되는데 이것은 식품을 팽창시키거나 음식의 질감에 변화를 줌

가. 난백은 냉장온도보다 실내온도에서 거품이 일어남

나. 신선한 달걀보다 오래된 달걀이 쉽게 거품이 일어나지만 거품의 안정성은 적음

다. 소량의 산은 기포력을 도와주며 우유와 기름은 기포력을 저해하고, 소금 및 설탕은 기포력을 약화시키므로 충분히 거품을 낸 후에 넣음

라. 봄과 가을에 낳은 달걀은 한여름에 낳은 것보다 기포의 용적이 큼

마. 달걀을 넣고 젓는 그릇의 모양은 밑이 좁고 둥근 바닥을 가진 것이 평평하게 벌어진 것보다 좋으며, 빨리 저을수록 기포력이 큼

④ **난황의 유화성**

가. 난황은 레시틴(Lecithin)이 분자 중에 친수기, 친유기를 갖고 있기 때문에 기름이 유화되는 것을 촉진함

나. 유화성을 이용한 대표적인 음식에는 마요네즈, 프렌치드레싱, 크림수프, 잣미음, 케이크반죽이 있음

⑤ **녹변 현상:** 삶은 달걀의 난백과 난황 사이에 검푸른색이 생기는 것, 가열에 의해 생긴 황산제1철 때문임

가. 가열온도가 높을수록 반응속도가 빠름

나. 가열시간이 길수록 녹변현상이 잘 일어남

다. 신선한 달걀보다 오래된 달걀일수록 알칼리성이기 때문에 녹변현상이 잘 일어남

라. 삶은 후 즉시 찬물에 넣어 식으면 녹변현상을 방지할 수 있음

9) 우유의 조리

① **우유의 성분:** 대표적인 알칼리 식품이며, 단백질의 주성분인 카제인(Casein)은 산이나 레닌에 의해 응고됨(대표식품: 치즈)

② **우유의 조리성**

가. 요리를 희게 하며, 매끄러운 감촉과 유연한 맛, 방향을 주고, 생선의 비린내를 흡착함

나. 단백질 겔(Gel)의 강도를 높임(Ca의 염류작용)

다. 제품에 좋은 탄색을 줌(아미노산과 환원당이 반응하여 갈색의 물질을 형성하기 때문)

라. 유동성이 있음(커피, 홍차, 밀가루, 설탕, 코코아 등의 식품과 혼합)

마. 우유를 60~65℃로 가열하면 단백질과 지질, 무기질이 흡착되어 표면에 엷은 피막이 생김

바. 토마토 수프를 만들거나 딸기나 밀감에 우유를 넣으면 산 응고현상을 볼 수 있음

사. 우유의 당질인 유당은 열에 약하여 갈변반응을 쉽게 일으킴

10) 냉동식품

① 냉동법

가. 냉동품은 −15℃ 이하의 저온에서 주로 축산물과 수산물의 장기 저장법

나. 급속냉동은 −30~−40℃의 저온으로 급속히 동결하므로 수분은 작은 결정이 되어 조직을 거의 파괴하지 않음(↔완만 냉동)

② 해동법: 실온해동(자연해동), 저온냉장해동, 수중해동, 전자레인지해동, 가열해동 등

가. 냉장고에서 자연 해동하는 것이 가장 좋은 방법

나. 채소류: 조리 시 지나치게 가열하지 않고 동결된 채로 단시간에 조리함

다. 과실류: 먹기 직전에 포장된 채로 냉장고, 실온, 흐르는 물에서 해동함

라. 공기해동: 실온에 방치하여 자연적으로 해동하는 방법으로 저온해동보다 해동은 빠르나 육질의 맛을 저하시킴

11) 한천, 젤라틴

① 한천: 우뭇가사리 등의 홍조류를 삶아 얻은 액을 냉각시켜 엉키게 한 것으로 겔(Gel)화되는 성질이 있어 미생물의 배지, 과자, 아이스크림, 양갱, 양장피의 원료로 사용함

② 젤라틴(Gelatin): 동물의 뼈, 껍질을 원료로 콜라겐을 가수분해하여 얻은 경질 단백질로 젤리, 샐러드, 족편 등의 응고제로 쓰이고, 마시멜로(Marshmallow), 아이스크림 및 기타 얼른 후식 등에 유화제로 쓰임

12) 향신료 및 조미료

① 향신료

가. 생강: 매운맛을 내는 성분은 진저론(Zingerone)과 쇼가올(Shaogaol)이며, 육류의 누린내와 생선의 비린내를 없애는 데 효과적임

나. 겨자: 매운맛은 시니그린(Sinigrin) 성분이 분해되어 생김(냉채, 생선요리)

다. 고추: 매운맛은 캡사이신(Capsaicin)이 주성분으로 소화촉진의 효과도 있음

라. 후추: 캐비신(Chavicine)으로 육류 및 어류의 냄새를 감소시키며, 살균작용도 있음

마. 마늘: 마늘은 매운맛은 알리신(Allicin) 성분으로 비타민 B_1과 결합하여 알리티아민(Allithiamine)으로 되어 비타민 B_1의 흡수를 도움

바. 파: 황화아릴에 의한 강한 향이 있으며, 자극성의 방향을 냄

사. 기타: 박하, 타임(Thyme, 백리향), 정향, 계피, 월계수잎 등이 사용됨

② **조미료**

가. 고추장: 간장 및 된장과 더불어 입맛을 돋우는 저장성 조미료이고, 1 g의 소금맛을 내려면 10 g을 사용함

나. 설탕: 음식에 단맛을 주며, 식품의 가공 및 저장의 재료로 수용성, 방부성, 흡습성, 결정성이 있음

다. 된장: 소화되기 쉬운 단백질의 공급원이고 식염의 공급원도 되며, 1 g의 소금맛을 내려면 10 g을 사용함

라. 간장: 재래식 간장은 주로 국, 구이, 볶음 등에 사용하고, 개량간장은 조림에 주로 사용하며, 소금 1 g의 맛을 내려면 6 g을 사용함

마. 식초: 초산을 5~6% 함유한 것으로 방부작용이 있음

바. 화학조미료: 맛의 종류에 따라 감미료(단맛), 산미료(신맛), 지미료(맛난맛), 염미료(짠맛) 등으로 나눔

(3) 기본조리 조작

1) 계량

주로 재료, 조미료의 무게(중량)와 부피(체적)을 계량하는 것으로, 고체는 무게로 하고 액체는 부피로 하며, 부피는 주로 계량컵과 계량스푼을 이용함

2) 계량단위(㎖=cc)

① 1티스푼(tea spoon, ts)=5 ㎖

② 1갤런(Gallon)=128온스

③ 1테이블스푼(Table spoon, Ts)=15 ㎖

④ 1국자=100 ㎖

⑤ 1온스(Ounce, Oz)=30 ㎖

⑥ 1되=1.8L=1,800 ㎖
⑦ 1컵(Cup)=200 ㎖
⑧ 1L=1,000 ㎖
⑨ 1파인트(pint)=16온스
⑩ 쌀 1되=1.6 kg
⑪ 1쿼터(Quart)=32온스

3) 씻기(세척)

① 씻기는 유해물 및 불미성분의 제거 등의 위생적인 면에서 이루어지지만 수용성 비타민과 단백질, 무기질 등의 영양 손실이 문제임
② 조직을 끊어서 씻으면 영양 손실이 크므로 가능한 한 통으로 씻는 것이 좋음

4) 수침(담그기)

① 곡류, 두류, 건어물류 등은 침수시켜 두었다가 조리에 사용하면 조리시간의 단축과 조미료의 침투 등에 좋음
② 수침은 식품의 수분함유량을 증가시키고 조직을 연화하며, 식품의 쓴맛, 떫은맛, 아린 맛 등과 불쾌한 냄새, 색 등을 용출시켜 맛을 좋게 하고 소화가 잘되게 함

5) 썰기(자르기)

① 채소를 썰 때 형태를 보존하기 위해서는 결을 경사지게 자름
② 섬유가 단단한 식품은 섬유와 직각 또는 비스듬히 그리고 잘게 자름
③ 고기의 단맛을 그대로 남겨 두며 영양소의 유출을 방지하려면 크게 절단하는 것이 좋고, 단시간에 고기의 단맛을 국물에 침출하고자 할 때에는 고기를 얇고 잘게 썰어서 표면적을 크게 하는 것이 좋음

6) 혼합 및 교반

재료와 열전도의 균질화, 조미료의 침투 및 거품내기, 점탄성의 증가 등을 위해 필요함

(4) 기본 조리법

1) 끓이기

① **특징:** 100℃의 액체에서 식품을 가열하는 방법으로 재료가 연해지고 조직이 연화되며, 맛이 증가함

② **방법**

가. 밥을 지을 때는 수분을 충분히 흡수시키기 위해 처음에는 중간 불로 끓이고 점차 불을 강하게 하여 끓기 시작하면 그 비등을 유지할 정도로 화력을 유지함

나. 육수를 낼 때에는 높은 온도에서 빨리 끓여야 맑은 국물을 얻을 수 있음

다. 어류는 끓는 물에 넣어 표면 단백질을 응고시켜 단시간에 끓이는 것이 영양 손실이 적고 모양이 흐트러지지 않음

라. 두류는 딱딱하므로 1%의 소금을 넣고 약한 불로 끓이면 빨리 연화되고 모양이 쭈그러들지 않음

마. 다시마는 찬물에 넣고 끓기 전 60℃ 정도에서 건져내는 것이 맛이 좋음

바. 조미료는 분자량이 적은 것이 먼저 침투하므로 설탕, 간장(소금), 식초의 순으로 사용해야 식품이 연하고 맛이 좋음

③ **장점:** 대량의 음식을 한 번에 만들 수 있고, 조미하는 데 편리함

④ **단점:** 다량의 경우 밑에 있는 음식이 눌려 모양이 좋지 않음

2) 삶기와 데치기

① **특징:** 맛이 없는 성분을 제거하고 식품조직을 연하게 하며, 부피를 축소시켜 탈기하고, 효소를 제거하여 소독을 할 수 있는 조리방법

② **방법**

가. 가장 이상적인 조리방법은 고압증기 솥을 이용하는 것이며, 녹색 또는 강한 맛이 있는 채소는 끓는 물에 뚜껑을 덮지 않고 익혀야 함

나. 녹색이 아닌 채소는 수증기를 이용한 찜통 증기에 익히는 것이 가장 좋은 방법임

다. 물에 넣어 익힐 때는 물의 양을 적게 잡고 물이 끓은 후에 채소를 넣음

라. 가능한 한 짧은 시간에 조리하여 부드럽게 익으면서도 약간은 씹히는 맛이 있도록 하고 색이나 질감, 맛에 있어 영양적인 요리가 되도록 함

마. 채소는 으깨지지 않도록 주의하며 신선하게 조리되는 채소는 몇 번에 나누어서 냄

바. 엽록소는 마그네슘(Mg) 이온을 가지고 있어 산성에서는 퇴색하고 알칼리성에서는 안정화하여 녹색을 나타냄 따라서 중조 또는 식염을 넣고 삶으면 아름다운 녹

색을 얻을 수 있으나 중조로 처리하면 비타민의 손실이 큼

사. 죽순이나 우엉을 삶을 때에는 쌀뜨물을 잠길 정도로 붓고 삶으면 쌀뜨물에 있는 효소의 작용으로 연화되고 색이 희고 깨끗하게 삶아짐

아. 시금치를 데칠 때에는 1%의 식염을 넣어서 뚜껑을 열고 살짝 데치는 것이 좋음

3) 조림

① **특징:** 재료와 재료 사이에 양념장을 넣어 식품 자체에 국물의 맛이 배도록 조리하는 것이며, 북어조림, 장조림, 감자조림, 생선조림, 닭조림, 두부조림 등이 있음

② **방법:** 강한 불에서 끓기 시작하면 불을 약간 줄여 계속 끓이다가 재료가 다 익으면 불을 아주 약하게 하여 눌어붙지 않도록 해야 함

4) 찜

① **특징:** 수증기의 잠열(1 g당 593 kcal)을 이용하여 식품을 가열하는 방법으로 요리에 따라 10℃의 수증기나 85~90℃의 열로 찜

② **방법**

가. 찹쌀은 2시간 정도 침수하였다가 찜통에 보를 깔고 뚜껑에서 증기가 새어나올 때까지 강한 불로 물을 한두 번 뿌려가며 찜

나. 어류는 소금을 살짝 뿌려 살이 단단해지도록 한 후 그릇에 담아 생선의 탄력이 없어질 때까지 찜

다. 달걀찜은 용기에 담아 끓는 찜통에 넣고 90℃ 정도의 약한 불(강한 불로 갑자기 가열하면 표면에 구멍이 생기고 표면이 곱지 않음)에서 13~15분간 찜

③ **장점:** 영양 손실이 적고, 온도의 분포가 골고루 이루어져 모양이 흐트러지지 않고, 식품이 탈 염려가 없음

5) 볶기

① **특징:** 구이와 튀김의 조리법으로 적당한 기름을 충분히 가열하여 재료를 뒤적이면서 타지 않게 볶음

② **방법**

가. 불이 균일하게 작용하도록 균등한 모양의 재료를 준비하고 단단한 것은 미리 약간 익히고 유연한 것은 나중에 넣음

나. 수분이 많은 식품은 강한 불로 단시간에 볶고, 재료 자체를 변화시키는 양파나

밀가루 등은 약한 불로 천천히 볶음

다. 볶음에 사용하는 기름의 양은 채소 및 육류, 알류는 3~5% 정도, 밥은 10% 정도가 적당함

③ **볶음 시 식품의 변화**

가. 식물성 식품은 연화되며, 동물성 식품은 단단해짐

나. 수분이 감소하며 기름의 향이 증가함

다. 푸른 채소는 단시간 가열로 색이 선명해짐

라. 감미는 증가하고 당분은 캐러멜화 됨

④ **장점:** 대부분 식품에 쓰는 조리법으로 조리조작이 간편함, 고열로 단시간에 조리하므로 영양성분의 손실이 적고, 지용성 비타민의 흡수도 좋음

6) 굽기(구이)

① **특징:** 식품에 수분 없이 열을 가하여 굽는 것으로 식품 중의 전분은 호화되고, 단백질은 응고하며, 세포는 열을 받아 익으므로 식품이 연화되고 지방의 분해나 당질의 캐러멜화로 맛있는 향기를 냄

② **방법:** 수육의 경우 고기는 직각이 되도록 썰고, 석쇠는 달구어 고리를 얹어 굽고, 처음에는 화력을 강하게 하여 표면 단백질이 응고된 후 약한 불에서 굽는 것이 지미(맛난 맛) 성분이 용출되지 않아 맛있게 구워짐, 소고기의 경우 단백질의 응고점 부근에서 구워질 때가 가장 맛있음

③ **장점:** 고온으로 가열해서 식품의 수용성 성분이 적고, 표면의 수분이 감소되어 식품 본래의 맛을 지님

④ **단점:** 다른 조리방법에 비하여 열효율이 나쁘고 온도조절이 어려움

7) 무침

① **특징:** 생선, 고기, 채소 등에 갖은 양념을 하여 무치는 것으로 채소는 삶아서 물에 헹구어 사용함

② **종류 및 방법**

가. 볶는 나물: 준비된 재료를 기름에 볶다가 양념장을 넣음

나. 생채: 썰어 놓은 채소에다 고춧가루로 물들인 다음 양념을 넣고 버무림

다. 숙채: 끓는 물에 데쳐서 냉수에 담갔다가 갖은 양념으로 무침

8) 튀김

① **특징:** 160~180℃의 고온의 기름 속에서 식품을 가열하는 방법으로 단시간에 처리해서 영양소 손실이 가장 적은 조리법이고 식품의 유지미가 부가됨, 튀김기름은 콩기름, 채종유, 면실유, 올리브유, 낙화생기름 등의 식물성 기름이 좋음

② **방법**

가. 튀김용 기름은 향미가 좋고 산도가 높지 않으며, 점조성이 없는 것이 좋음

나. 튀김그릇은 철제로 두껍고 밑면적이 좁은 것이 좋음

다. 튀김옷은 글루텐 함량이 적은 박력분이 적당하고, 찬물로 반죽함

라. 150~160℃에서는 일단 가라앉았다가 떠오르고 170~180℃에서는 기름의 중간까지 가라앉았다가 떠오르고 200℃에서는 바로 뜸

마. 사용한 기름은 걸러서 불순물을 없애고 산화를 막기 위하여 입구가 좁은 용기에 담아 밀봉하여 보관함

바. 튀김옷에 달걀을 넣으면 질감이 좋아 맛이 있고, 0.2%의 중탄산소다를 넣으면 수분이 증발하여 튀김

사. 온도의 상승이 늦어져서 흡유량이 늘어나므로 한꺼번에 너무 많은 식품을 넣지 않음

아. 수분이 많은 식품은 미리 어느 정도의 수분을 제거함

9) 극초단파가열

① 전자파는 물체에 닿으면 금속의 경우는 반사되고, 유리, 도자기, 플라스틱, 종이상자 등은 투과되며 물과 식품의 경우는 흡수하여 발열함

② 전자레인지 내에서 식품은 모든 면으로 전파를 받으므로 잘 조리됨

가. 전자레인지에 사용할 수 있는 그릇: 파이렉스, 도자기, 내열성, 플라스틱 등

나. 전자레인지에 사용하지 못하는 그릇: 알루미늄 제품, 캔, 법랑, 쇠꼬챙이, 석쇠, 칠기, 도금한 식기, 크리스탈 제품, 금테 등이 새겨진 도자기 등 금속성분이 있는 것

③ 가열 조리의 방법: 식품을 가열함으로써 위생적으로 완전하게 하고 또한 소화, 흡수를 용이하게 함

가. 습열에 의한 조리: 삶기, 끓이기, 찜

나. 건열에 의한 조리: 굽기(구이), 석쇠구이, 볶기, 튀기기 등

다. 전자레인지에 의한 조리: 초단파 이용

라. 특징

- 식품의 조직과 성분의 변화를 일으킴(전분의 호화, 단백질의 열변성, 지방의 용해, 결합조직과 지방조직의 연화 등)
- 소화, 흡수를 도와주며 살균, 살충으로 안전한 식품을 만듦
- 맛의 증가, 불미성분 제거, 조미료와 향신료의 침투, 식품 감촉의 변화 등이 일어남

(5) 다량조리기술

1) 국 끓이기

① 단체급식에서는 영양적인 면과 기호적인 면에서 토장국을 선호하므로 토장국이 좋음

② 국의 건더기는 국물의 3분의 1정도가 적당하며, 국물에 맛을 내는 재료(멸치, 마른 새우, 육류, 조개류 등)를 넣고 한소끔 끓인 후 건더기를 넣음

2) 찌개

① 센 불에서 끓이기 시작하여 어느 정도 끓은 후에는 불을 약간 약하게 하여 약 20분간 푹 끓임

② 건더기의 분량은 국물의 3분의 2가 적당함

3) 조림

① 조림은 찌개와 달리 국물의 맛을 내는 것이 중요한 것이 아니라 식품 자체에 맛이 들도록 하는 것으로, 손질한 재료에 적당한 물을 붓고 양념을 함께 넣어 끓임

② 생선은 국물을 끓이다가 생선을 넣고 조리는 것이 영양 손실도 적고 생선살이 부서지지 않음

4) 생선 구이

① 석쇠나 오븐을 미리 뜨겁게 달군 후 생선을 굽고, 소금구이를 할 때는 소금을 뿌리고 20~30분간 두어 소금이 생선 표면에서 없어진 후에 구움

② 생선을 구울 때 밑이 거의 익었을 때 뒤집어 구움, 너무 여러 번 뒤적이면 생선살이 부스러짐

5) 튀김

① 가장 깨끗하게 튀겨야 하는 것은 새 기름을 사용함

② 크로켓처럼 약간 짙은 갈색을 내는 것은 두 번째 사용하는 기름을 씀

③ 두 번 이상 사용한 기름은 볶음에 사용함

④ 단체급식에서는 조리에 소요되는 시간이 국보다 3배 정도 더 소요됨

⑤ 식물성 기름을 사용하는 것이 좋고, 보통 170~180℃에서 튀김

6) 나물 무침

① 생채는 채썬 재료에 고춧가루와 기름을 넣고 버무린 다음 설탕, 간장, 소금, 식초 및 화학조미료를 넣고 무침

② 푸른 채소는 끓는 물에 살짝 데친 후 찬물에 헹구어 물기를 짜서 적당한 크기로 썬 다음 먹기 직전에 무쳐서 먹음

7) 채소 냉국

① 썰어 놓은 채소에 간장, 소금, 파, 마늘, 기름 등의 양념을 넣고 무쳐 재운 다음, 채소에 간이 배면 적당한 국물을 붓고 식초, 화학조미료를 넣어 맛을 냄

② 국물은 반드시 끓여 식힌 것을 사용함

(6) 농산물의 가공, 저장

1) 곡류의 가공, 저장

① 쌀

가. 현미: 벼의 껍질(왕겨)을 벗긴 쌀알

나. 도정: 현미에서 식용인 배유 부분만을 얻는 조작을 말함

다. 쌀의 도정도: 10분 도미(백미), 7분 도미, 5분 도미, 현미로 분류함

라. 쌀의 가공품: 강화미(백미에 결핍된 영양소를 강화시킨 제품), 알파미(건조미), 팽화미, 인조미 등

② 보리

가. 할맥: 보리쌀의 홈을 따라 쪼갠 후 도정하여 쌀 모양으로 만든 것(보리쌀은 깊은 고랑이 있어 외관과 식감이 나쁘므로 이를 제거)

나. 압맥: 보리쌀을 가열하여 압편 룰러를 통과시켜 누른 보리쌀(조직이 파괴되어 취반이 용이하고 소화율이 향상)

다. 보리 가공품: 보리 플레이크, 맥아(엿기름)로 맥주, 주정, 물엿, 감주 등 제조함

③ **밀의 제분과 가공**

가. 밀의 제분: 소화율이 좋아지고 연성과 점성 및 팽창성 커짐

나. 정선(협잡물 제거) → 조질(14~15% 수분 첨가) → 분쇄 및 사별 → 숙성 및 품질 개량

다. 밀가루의 품질: 글루텐(글리아딘+글루테닌)의 함량에 따라 가공성 및 품질이 달라짐

라. 제면(중력분이 적당): 글루텐 단백질의 강한 점탄성을 이용한 제품(밀가루에 물과 소금을 넣어 반죽한 다음 국수를 뽑은 것)

마. 제빵의 원료: 밀가루, 팽창제, 설탕(밀가루의 3~4%), 소금, 지방

2) 두류의 가공, 저장

① **두부**: 콩 단백질인 글리시닌은 가열로 응고하지 않으나, 두유의 온도가 70~80℃될 때 응고제(간수, 염화마그네슘, 황산칼슘, 염화칼슘)와 소포제를 넣어 응고시킨 것(전두부, 건조두부(얼린 두부), 튀긴 두부(유부)

② **두유**: 콩을 수침한 후 파쇄, 여과, 가열의 과정을 거친 가공식품

③ **된장**: 찐 콩과 코지(Koji, 누룩)를 넣고 물과 소금을 넣어 일정 기간 숙성시킨 대표적인 콩 발효식품

가. 개량된장: 쌀된장, 보리된장, 콩된장, 밀된장 등

나. 된장이 숙성된 후에 신맛이 나는 원인

- 소금의 양이 적을 때 → 된장의 적정 소금 함량: 10~12%
- 콩 또는 코지의 수분 함량이 많거나 콩을 덜 쑤었을 때
- 물이 너무 많거나, 원료가 골고루 섞이지 않았을 때

④ **간장**

가. 제조: 콩과 코지(Koji)를 소금물에 넣어 담금(코지, 소금, 물의 비율은 1:1:2)

나. 소금물의 양이 많을 때: 발효나 숙성이 나쁘고 간장의 양이 많아짐

다. 소금물의 농도가 높을 때: 숙성은 느리지만 향미가 좋음

⑤ **청국장**: 찐 콩에 납두균을 번식시켜 소금, 고춧가루, 마늘 등의 향신료를 넣어 만든 특수한 풍미를 지니는 조미식품

⑥ **콩을 이용한 발효식품**: 된장, 간장, 청국장, 고추장

3) 서류(감자류)의 가공, 저장

① **서류 가공품**: 전분, 생절간, 증절간, 감자칩, 매시드 포테이토, 곤약

② **전분(고구마 전분, 감자 전분)**: 식물의 저장탄수화물로 종류에 따라 아밀로오스

(20~30%)와 아밀로펙틴(70~80%)으로 구성

③ 서류의 저장

가. 감자: 2℃ 냉장(당분 증가), 10~13℃(전분이 당으로 변하는 것을 막음)

나. 고구마: 32~34℃, 습도 90%에서 4~6일간 큐어링(Curing) 처리하여 오래 보존 저장

4) 유지의 가공, 저장

① 유지의 채유법

가. 용출법: 건식용출법, 습식용출법

나. 압착법: 식물성 기름 채유방법(참기름, 들기름, 유채유)

다. 추출법: 식물성 유지의 채유에 이용

② 가공유지

가. 마가린: 천연 버터의 대용품으로 만든 지방성 식품

나. 경화유: 원료유(불포화 지방산)에 니켈을 촉매로 하여 수소를 첨가한 후 고체화한 것(마가린과 쇼트닝)

5) 채소와 과일의 가공, 저장

① 과일류의 가공품

가. 과실 주스: 천연과실 주스, 스카시, 시럽, 분말 과즙, 넥타, 음료 등

나. 젤리(Jelly): 과즙에 설탕을 첨가하고 가열하여 젤라틴화가 일어나도록 가공한 것

다. 잼(Jam): 과일과 설탕을 넣고 가열, 농축하여 젤리 같은 조직을 가짐, 설탕과 과일 비율(1:1)

라. 마멀레이드(Marmalade): 젤리에 과육과 과피의 절편을 넣은 것

마. 잼과 젤리의 응고: 펙틴의 응고성을 이용하여 만든 것으로 펙틴, 산, 당분의 젤리화[비율: 펙틴 1.0~1.5%, 산 0.27~0.5%, 당분 60~65%, 수소이온농도(pH) 3.2~3.5%]

② 채소류의 가공품

가. 침채류: 효소와 세균 등의 작용에 의해 단백질과 지방 및 전분이 분해되어 향미 성분이 증가되는 김치, 단무지, 마늘절임, 오이절임, 마늘쫑 등

나. 침채에 사용되는 소금: 마그네슘과 칼슘 성분이 채소의 조직을 단단하게 해주기 때문에 정제염보다는 호염이나 제염이 좋음

다. 토마토 가공: 토마토퓌레, 토마토페이스트, 토마토케첩

③ **과일, 채소류의 저장:** 냉장법, ICF저장, 피막제의 이용, 플라스틱 필름 포장, CA저장

④ **과일과 채소의 적정 저장온도**

종류	저장온도(℃)	종류	저장온도(℃)	종류	저장온도(℃)
호박	13~15	사과	−1~1	당근	0
고구마	10~13	귤	4~7	양배추	0
바나나	13.5~22	토마토	4~10	양파	0
파인애플	5~7	복숭아	4	오이	7~10

(7) 축산물의 가공, 저장

1) 우유의 가공, 저장

① **우유의 가공**

가. 시유: 원유를 일정한 살균처리방법을 거쳐 소비자가 마실 수 있도록 상품화한 음용유(주로 저온 살균법 → 63~65℃, 30분)

나. 크림: 우유에서 유지방을 분리한 것[지방 함량: 커피크림(라이트 크림) 20~25%, 휘핑크림(제과용) 30% 이상, 플라스틱(Plastic) 크림 79~89%]

다. 버터: 우유에서 분리된 지방(크림)을 세게 휘저어 엉기게 한 다음 응고시켜 만든 유제품(함량: 우유지방 85%, 수분 15% 이하)

라. 치즈: 우유에 렌넷(Rennet, 응유효소) 또는 젖산균을 작용시켜, 카제인과 지방을 응고시켜 얻은 커드를 세균이나 곰팡이로 숙성시켜 만든 유제품

마. 연유: 가당연유, 무당연유

바. 분유: 전지분유, 탈지분유, 조제분유

사. 요구르트: 우유를 젖산균이나 효모로 발효시켜 만든 젖산 발효 우유(원료: 탈지유)

아. 아이스크림: 크림을 주원료로 하여 설탕, 향료, 안정제를 섞어서 만든 유제품

자. 연질우유: 어린이 또는 허약한 환자를 위해 만든 특수 식품(소화가 용이)

② **유화식품:** 버터, 마요네즈, 프렌치드레싱, 화이트소스, 크림수프 등

③ 유제품의 저장

종류	저장 조건	저장 기간	종류	저장 조건	저장 기간
우유, 크림	4℃	3~5일	탈지분유, 무당연유 (통조림)	실온	-
치즈	0~4℃	-	연유통조림 개봉한 것	10℃ 이하	3~5일
전지분유	10℃ 이하	2~3주			

2) 달걀의 가공, 저장

① 달걀 가공품

가. 건조란(건조 달걀, 달걀가루): 달걀의 껍질을 제거하고 탈수, 건조시킨 것

나. 마요네즈, 난황의 유화성을 이용한 대표적 가공품으로, 난황(달걀노른자)에 여러 가지 조미료, 향신료, 샐러드유, 식초 등을 혼합하여 유화시킨 조미제품

다. 마요네즈 제조에서 난황이 유화제 작용을 할 수 있는 이유: 물과 기름은 혼합되지 않으나 난황의 레시틴(난황, 콩기름, 간, 뇌 등에 다량 존재)에 의해 혼합 가능

라. 기타 가공품: 피단(조미달걀), 훈연란, 달걀음료 등

② 달걀의 저장법

가. 냉장법: 단기저장 15℃, 장기저장 0~5℃(냉장 중 습도 80~85% 적당)

나. 가스저장법: 밀폐된 용기 속에 용기 용적의 60%의 이산화탄소, 질소 가스를 혼합한 공기 중에서 저온저장

다. 도포법(Coating): 달걀 껍질에 기름, 파라핀, 젤라틴 또는 콜로디온을 발라서 냉장하는 방법

라. 침지법: 3%의 포화소금물 또는 석회수에 담가 보관하는 방법

마. -18℃ 이하의 온도에서 급속 동결시킨 후 -15℃에서 저장하는 방법

바. 간이법: 소금, 톱밥, 왕겨 등에 묻어 통풍이 잘되는 서늘한 곳에 보관하는 방법

3) 육류의 가공, 저장

① **사후강직:** 동물이 도살된 후 시간이 경과함에 따라 액토미오신(Actomyosin)이 생성되어 근육이 수축되는 현상을 말함

② **숙성:** 강직기간이 지나면 근육 자체가 가지고 있는 자기분해효소에 의해서 단백질이

분해되는 자가소화, 이 현상에 의해 고기가 연해지고 풍미가 좋아지는 것을 숙성이라 함

③ 고기의 연화

가. 지방의 함량 또는 근섬유의 수가 많을수록, 결체조직이 적거나 어린 동물일수록 수육의 조직이 가늘고 연함

나. 수육의 질을 높이는 연화법: 효소처리(육류 연화제), 절임, 수소이온농도(pH)를 변화시킴, 기계적인 방법, 냉동 등

④ 육류의 가공품

가. 햄: 대표적인 육제품으로 돼지고기 넓적다리 부위를 소금에 절인 후, 훈연하여 만든, 독특한 풍미와 방부성을 가진 가공식품

- 냉훈법: 염분을 강하게 해서 절인 원료육을 열로 응고시키지 않을 정도로, 15~25℃의 저온에서 3~4주일 걸려 건조
- 온훈법: 엷은 소금 간으로 절인 재료를 60~90℃의 온도로 가열하여 단백질을 응고시킨 후 3~8시간 동안 가볍게 훈건함, 수분 50~60%로 부드럽고 맛도 좋으나 보존성이 약하여 저장에는 냉장고가 필요함
- 액훈법: 속성법, 액훈제에 재료를 담근 후 건조하는 방법으로 가공이 간편한 이점은 있으나 신맛이나 떫은맛이 있어 온훈법의 제품보다 풍미가 떨어짐
- 진훈법: 훈연 중 유효 성분이 고기에 빨리 흡착하여 육과의 결합을 촉진하는 방법
- 열훈법: 120~140℃로 가열

나. 베이컨: 돼지의 옆구리 살을 소금에 절인 후 훈연시킨 가공품

다. 소시지: 돼지고기나 소고기를 곱게 갈아 소금, 초석, 설탕, 향신료 등을 혼합하여 동물의 창자 또는 인공 케이싱(Casing)에 채운 후 가열이나 훈연 또는 발효시킨 제품(일반적으로는 햄과 베이컨을 가공하고 남은 고기를 조미)

라. 기타: 육포, 통조림류

⑤ 육류의 저장법

가. 육류의 저장: 동물을 도살하기 전에 동물의 피로, 공복, 갈증을 해소해 주면 도살 후 고기의 부패가 지연

- 냉장: 단기 저장 시 습도 80~90%, 온도 −2~+3℃
- 냉동: 장기 보존소 −29~−30℃에서 급속 냉동한 후 −20℃ 내외에서 저장
- 절임: 소금과 질산나트륨을 첨가하여 가열
- 기타: 냉동건조, 훈연

나. 육가공품의 저장

- 냉장: 습도 70~80%, 온도 -3~+3℃
- 보존성: 육가공품은 가공되지 않은 육류보다 보존성이 더 있음
- 햄, 소시지: 실온에서 1일, 냉장고(0~2℃)에서 5일
- 베이컨, 살라미 소시지: 실온에서 1~2일, 냉장고에서 7~10일

(8) 수산물의 가공, 저장

1) 어패류의 가공, 저장

① 건제품

가. 소건품: 마른 오징어, 마른 새우, 미역, 김 등

나. 자건품: 소형 어패류를 삶은 후 건조한 마른 멸치, 마른 해삼, 마른 전복 등

다. 배건품: 수산물을 불에 직접 쬐어 건조한 것

라. 염건품: 소금에 절여 건조한 굴비, 염건고등어, 간대구포 등

마. 동건품: 어패류를 얼렸다 녹였다 하며 건조한 명태, 한천, 북어

바. 훈건품: 어패류를 염지한 후 연기에 그을려 건조한 제품

사. 조미건제품: 수산물에 소금, 설탕 및 조미액을 가미하여 건조한 조미건품

② 염장품: 수산물에 소금을 사용하여 가공하는 법

가. 물간법: 진한 소금물에 담그는 법, 소형어

나. 마른간법: 직접 소금을 뿌리는 법, 대형어

③ 연제품

가. 생선에 소금을 넣고 부순 뒤 설탕, 조미료, 난백, pH 조정제 등의 부재료를 넣고 갈아서 가열한 후 겔(Gel)화 시킨 제품

나. 종류: 어묵[어육 단백질인 미오신(Myosin)이 소금에 녹는 성질을 이용], 어육소시지, 어육햄, 어단 등

다. 장점: 맛, 냄새, 외관, 조직감 등을 소비자 기호에 맞도록 가공할 수 있으며 조리조작이 간편하고 보존성이 높음

④ 훈제품: 어패류를 염지한 후 연기로 건조시켜 독특한 풍미와 보존성을 갖도록 한 청어, 연어, 송어, 오징어 등

⑤ 젓갈류: 풍미 있는 저장성 발효식품으로 생선의 내장, 알, 조개류 등에 20~30%의 소금을 넣어 숙성시킨 새우젓, 굴젓, 조개젓, 오징어젓, 명란젓 등

⑥ **어패류의 저장**

가. 빙장법: 수송 중, 단기간 저장 시, 동결 저장을 위한 예냉 시 이용하는 방법

나. 냉각 저장: 단기간 저장 시 이용하는 방법으로 0℃ 정도로 어체를 냉각하는 방법

다. 동결저장: 어체의 원형이나 절단된 부분육을 -40~-50℃에서 급속 동결시킨 다음 -20℃에서 보관하는 방법

2) 해조류의 가공, 저장

① **분류:** 녹조류(파래, 청각), 갈조류(미역, 톳, 다시마), 홍조류(김, 우뭇가사리)

② **특징:** 영양적인 가치는 없고 정장작용을 하거나 무기질, 비타민을 공급하며 요오드 함유량이 많아 갑상선 장애의 치료에 쓰임

③ **김:** 탄수화물인 한천이 가장 많이 들어 있고 비타민 A를 다량으로 함유하고 있으며 리보플라빈, 니아신, 비타민 C 등 함유함

가. 마른 김이 저장 중에 색소가 변하는 이유: 피코시안이 피코에리트린으로 되기 때문임

나. 감칠맛: 아미노산인 글리신과 알라닌의 함량이 높기 때문임

④ **한천:** 소화, 흡수가 잘 되지 않는 탄수화물 성분으로 저에너지 식품으로 이용

⑤ **알긴산:** 식품 품질 개량제로 식품 첨가물로서 이용되고 있으며, 아이스크림, 잼, 마요네즈 등의 점성도(粘性度)를 증가시키는 데 이용

(9) 단체급식 및 식품

1) 단체급식의 정의

공장, 사업장, 학교, 병원, 기숙사와 같은 곳에서 집단으로 생활하는 특정의 여러 사람들을 대상으로 상시 1회 50인 이상에게 계속적으로 식사를 공급하는 비영리 급식시설을 말함

2) 단체급식의 목적

① **학교급식:** 즐거운 학교생활이 되도록 하고 밝은 사회성과 올바른 식습관 형성에 도움, 식생활의 합리화와 식량의 생산, 분배 및 소비에 관하여 올바른 이해를 도움

② **병원급식의 목적:** 환자에 따라 적정한 식사를 제공하여 질병의 치유 또는 회복을 도모하기 위해 담는 모양, 식사농도 주의, 정확성을 가지고 준비함

③ **산업체 급식의 목적:** 근로자의 작업능률을 향상시키고 근로자의 복리 증진과 생활에

안정감을 주며, 출근율 향상, 원만한 인간관계를 유지함

3) 단체급식 시 고려해야 할 사항

① 급식대상자의 영양량을 산출하여 생활시간 조사에 따른 3식의 영양량을 배분함
② 지역적인 식습관을 고려하며, 새로운 식단을 개발하도록 노력함
③ 영양적이고 위생적으로 처리되며, 가정과 같은 분위기가 조성되도록 노력함

4) 식품구입절차

① **업자의 선정:** 구입량이 클 때는 전문업자에게 구입하고 양이 적을 때는 근처에서 구입하며, 특히 단일 업종을 취급하는 업자와 계약하는 것이 가격과 품질 면에서 안전함

② **발주:** 재료의 발주는 식단표에 의해서 1주~10일 단위로 필요량에 따라 함

③ **검수:** 배달된 물품이 주문한 것과 같은 종류의 식품인지를 확인하고 수량, 품질, 신선도, 건조도, 색깔 등을 확인하고 통조림의 경우는 제조 연월일을 확인함

④ **보관:** 물품별로 구입일자를 표시하여 저장기간이 오래되지 않도록 보관함

5) 식품 구입 시 유의사항

① 식품 구입 계획 시 식품의 가격과 출회표에 유의함
② 소고기(육류) 구입 시 중량과 부위에 유의하고, 냉장시설이 갖추어져 있으면 1주일분을 한꺼번에 구입함
③ 사과, 배 등 과일 구입 시 산지, 상자당 개수, 품종 등에 유의함
④ 육류 및 어패류, 채소류는 매일 매일 구입하고, 건어물류와 조미료 등 장기간 보관이 가능한 식품은 한 달에 한 번 정도 구입함
⑤ 식품을 구입할 때는 불가식품 및 폐기율을 고려하여 필요량을 구매함

6) 식품의 발주량과 필요비용

① $\text{총발주량} = \dfrac{\text{정미중량} \times 100}{100 - \text{폐기율}} \times \text{인원수}$

② $\text{필요비용} = \text{필요량} \times \dfrac{100}{\text{가식부율}} \times \text{1kg당 단가}$

(10) 식품감별법

1) 식품감별의 목적

① 부정 또는 불량 식품을 이화학적 방법에 의하여 밝힘

② 위생상 위해한 성분을 검출하여 식중독 등의 사고를 미연하게 방지함

③ 외관적 관찰에 의한 관능 검사법에 의하여 감별하는 경우가 많고 능률적임

2) 식품의 감별 방법

① **관능검사:** 색, 맛, 향기, 광택, 촉감 등 외관적 관찰로 검사함

② **이화학적 방법**

가. 검경적 방법: 식품의 세포나 조직의 모양, 협잡물, 미생물 존재를 판정함

나. 화학적 방법: 영양소 분석, 첨가물, 이물질, 유해 성분 등을 검출함

다. 물리학적 방법: 중량, 부피, 크기, 비중, 경도, 점도, 빙점, 융점 등을 측정함

라. 생화학적 방법: 효소 반응, 효소 활성도, 수소이온농도 등을 측정함

마. 세균학적 방법: 균수 검사, 유해 병원균의 유무 등을 측정함

3) 주요 식품의 감별법

① **쌀**

가. 잘 건조되고 광택이 있는 것이 좋음

나. 황색을 띠는 황변미는 유독성분을 함유하고 있어 좋지 않음

다. 냄새와 이물질이 없으며, 깨물었을 때 '딱' 소리가 나는 것이 좋음

② **밀가루(소맥분):** 백색 가루의 결정이 미세한 것으로 덩어리지지 않으며 손으로 문질러 보아 부드러운 것이 좋음

③ **채소, 과일류:** 색, 윤기가 좋고 상처가 없으며, 본래의 형태가 잘 갖추어진 것이 좋음

④ **어류**

가. 색은 선명하고 껍질에 광택이 있으며 탄력이 있는 것이 신선함

나. 안구는 맑고 돌출되어 있으며, 아가미가 선홍색이고 악취가 없는 것이 신선함

다. 신선한 것은 물에 가라앉고 오래된 것은 물에 뜸

라. 신선한 생선은 윤택이 나는 비늘이 고르게 밀착되어 있음

⑤ **어육연제품:** 표면에 점액성의 물질이 있는 것은 오래된 것이녀, 2%의 염산용액에 연제품을 살짝 대어 흰 연기가 나면 오래된 것임

⑥ 우유

가. 끈기가 없으며 침전되지 않고 응고물이 없는 것이 신선함

나. 물에 한 방울 떨어뜨렸을 때 구름같이 퍼지면서 떨어지는 것이 신선함

다. 신선한 우유는 알코올(68~70%)에 의해 응고되지 않음

라. 신선한 우유의 산도는 젖산으로서 0.15~0.18% 이하, pH는 6.6(평균 6.4~6.7)이어야 함

마. 정상 우유의 비중인 15℃에서 1.027~1.035(평균 1.032)이어야 함

바. 유지방 함량 3.0% 이상이어야 함

사. 세균 수는 1 ㎖당 20,000 이하, 대장균군은 1 ㎖당 2 이하이어야 함

아. 이물, 침전물, 점주성이 있는 것 또는 신맛, 쓴맛이 있는 것은 좋지 않음

자. 용기나 뚜껑이 위생적으로 처리되어 있고, 날짜가 오래되지 않아야 함

차. 가열시 응고하는 것은 발효되어 산도가 높아진 것이므로 먹지 않는 것이 좋음

⑦ 육류

가. 소고기(투명한 적색), 돼지고기(연분홍색), 양고기(진한 적색)의 색깔이 곱고 습기가 있으며 탄력이 있는 것이 신선함

나. 고기를 얇게 잘라 비추었을 때 반점이 있는 것은 기생충이 있는 경우가 많음

다. 오래된 것은 회색, 암갈색으로 변하고 표면이 건조함(피비린내가 나면 병에 걸려 죽은 고기로, 회색, 암갈색, 황갈색을 띰)

라. 육류가공품은 제조 연월일에 주의하고, 탄력이 있는 것이 좋으며, 물기가 있거나 끈끈한 것, 이상한 냄새가 나는 것은 좋지 않음

⑧ 달걀

가. 껍질이 반질반질한 것은 오래된 것이고 꺼칠꺼칠한 것은 신선한 것이며, 혀를 대보아서 둥근 부분은 따뜻하고 뾰족한 부분이 찬 것이 신선함

나. 6%의 소금물에 넣었을 때 뜨는 것은 오래된 것이고, 달걀이 오래되면 기공에서 수분이 증발하여 기공이 커져서 비중이 가벼워짐

다. 깨뜨렸을 때 노른자가 볼록하고 흰자가 퍼지지 않는 것이 신선함

라. 물에 넣었을 때 누워 있는 것은 신선하고 서 있는 것은 오래된 것임

마. 빛에 쬐었을 때 밝게 보이는 것은 신선하고 어둡게 보이는 것은 오래된 것임

바. 신선한 달걀의 난황계수는 0.361~0.442, 난백계수는 0.14~0.17, 비중은 1.08이어야 함

사. 흔들어서 소리가 나지 않는 것이 좋음

⑨ **버터**

가. 버터 속에 수분과 유분이 들어 있는 것은 좋지 않으며 고유의 색택과 향미를 가지고 있어야 하고 외관상 균질해야 함

나. 입에 넣어 보아 특유의 냄새가 나거나 맛이 변하지 않고 부드러운 느낌으로 자연히 녹아서 이물질이 남지 않는 것이 좋음

다. 수분 18.0% 이하, 유지방 80.0% 이상, 산도 2.8% 이하가 좋음

⑩ **통조림**

가. 통조림관이 팽창 또는 변형된 것은 살균이 불충분하거나 미생물의 발육에 의한 것이므로 좋지 않음

나. 통을 열었을 때 내용물은 고유의 색택이 있어야 하며, 이미, 이취가 없어야 함

⑪ **버섯:** 세로로 쪼개지지 않고 고약한 냄새가 나는 것은 유독하고 색깔이 짙고 줄기 부분이 거친 것은 독버섯임

4) 식품 취급자의 유의사항

① 건강에 주의하고 몸의 상태가 정상이 아닌 때는 즉시 의사의 진단을 받도록 함
② 정기 건강 진단(6개월에 1회)을 받고 월 2회 정도 정기 검진을 하여 신체의 안전을 점검함
③ 작업장은 항상 청결하게 유지하고, 종업원 전용 탈의장, 화장실, 옷장 등이 갖추어야 함
④ 식품을 나누어 담거나 배식할 때에는 마스크를 착용하고, 기구를 사용함
⑤ 머리카락을 청결히 하고, 손톱은 짧게 깎고, 손은 깨끗이 해야 함
⑥ 조리장은 매일 청소하고 1주에 1회 정도는 소독제로 소독함
⑦ 식기나 조리 기구 등은 항상 위생적으로 유지하고, 사용하지 않을 때에는 소독한 후 정돈하여 보관함
⑧ 식품 재료는 신선한 것을 사용하고, 오염되지 않도록 청결한 곳에 보관을 잘함
⑨ 작업장에 쥐나 바퀴벌레 등이 서식하지 못하게 하고, 방충, 방서시설을 함

(11) 영양소

1) 영양소의 체내 이용

① 열량영양소: 열이나 힘의 에너지원으로 이용(탄수화물, 지방, 단백질)
② 구성영양소: 근육, 골격, 체지방 등 신체조직이나 효소, 호르몬을 구성
③ 조절영양소: 신체의 생리작용을 조절(단백질, 무기질, 비타민, 물)

④ 탄수화물, 단백질, 지방, 무기질, 비타민을 5대 영양소라 하고, 물을 포함하여 6대 영양소라 칭함

2) 탄수화물

① **성분:** 탄소, 수소, 산소로 구성되어 있고 일반식은 $C_n(H_2O)_m$

② **종류**

가. 단당류: 기본이 되는 당으로 포도당, 과당(단맛이 가장 강함), 갈락토오스 등

나. 이당류: 2분자의 단당류가 결합된 것으로, 엿당(포도당+포도당), 설탕(포도당+과당), 젖당(포도당+갈락토오스)

다. 다당류: 여러 개의 단당류가 결합된 것으로 녹말, 덱스트린, 글리코겐, 섬유소, 펙틴 등이 있으며 단맛이 없음

③ **기능**

가. 에너지원(1 g당 4 kcal)으로 포도당은 뇌와 신경조직의 유일한 에너지 급원

나. 글리코겐은 간의 해독작용

다. 갈락토오스는 뇌와 신경조직의 구성 성분

라. 섬유소는 배변 효과가 있어 대장암 등을 예방

마. 젖당은 정장작용

④ **섭취량:** 하루 총 열량의 65%가 적당

가. 과잉 섭취: 에너지를 내고 남은 탄수화물은 지방으로 전환되어 체내의 축적되어 비만증, 당뇨, 위확대증, 위하수증, 비타민, 무기질 부족증

나. 결핍: 체중감소, 발육불량

3) 지방

① **성분:** 탄소, 수소, 산소로 구성

② **종류:** 단순지방, 복합지질, 유도지질

③ **지방산의 종류**

가. 포화지방산: 부티르산, 팔미트산, 스테아르산

나. 불포화지방산: 올레산, 리놀레산, 리놀렌산, 아라키돈산, EPA, DHA

④ **기능**

가. 에너지원(9 kcal/g)으로 뇌와 신경조직의 구성

나. 내장기관을 보호하고 지용성 비타민의 흡수를 도움

다. 티아민의 절약 작용을 하고, 체온유지, 적절한 섭취로 성인병을 예방

⑤ **섭취량:** 하루 열량 필요량의 20% 정도(필수 지방산을 2%)섭취

가. 과잉섭취: 비만증, 동맥경화증, 고혈압, 심장병 등을 유발

나. 결핍: 성장부진, 신체쇠약

4) 단백질

① **성분:** 탄소, 수소, 산소, 질소 등을 함유하고 있으며 질소 함량은 약 16%

② **종류**

가. 단순 단백질: 아미노산만으로 구성된 것(알부민, 글로불린, 글루테닌)

나. 복합 단백질: 아미노산과 다른 물질이 섞여 있는 것(핵단백질, 당단백질, 인단백질, 색소단백질)

다. 유도 단백질: 단백질이 열이나 가수분해에 의해 부분적으로 분해되어 만들어진 것(젤라틴, 응고 단백질, 펩티드, 펩톤, 프로테오스)

③ **질소 계수 산출법**

가. 질소량=단백질량×16/100

나. 단백질량=질소량×100/16(=6.25:질소 계수)

④ **영양 가치에 따른 분류**

가. 완전 단백질: 생명 유지와 성장발육을 도움[우유(카제인), 육류(미오신), 콩(글리시닌), 달걀(오브알부민, 오브글로불린)]

나. 부분적 완전 단백질: 생명 유지에 도움이 되나 성장에는 지장이 있음[쌀(오리제닌), 밀가루(글루테닌), 보리(호르데인)]

다. 불완전 단백질: 생명 유지나 성장에 도움이 안 된다[옥수수(제인), 육류(젤라틴)]

⑤ **아미노산의 종류**

가. 필수 아미노산: 체내에서 필요한 만큼 충분히 합성되지 못해 음식으로 공급해야만 하는 것으로 생명 유지와 성장에 필요(이소류신, 류신, 리신, 메티오닌, 페닐알라닌, 트레오닌, 트립토판, 발린, 히스티딘, 아르기닌 등)

나. 불필수 아미노산: 체내에서 합성할 수 있는 것(글리신, 세린, 티로신, 알라닌, 글루탐산, 시스테인, 아르기닌 등)

⑥ **단백질의 영양가**

가. 생물가: 체내에서의 단백질 이용도

- 흡수된 질소가 얼마나 체내에 보유되었는가를 표시

- 생물가(%)=체내에 보유된 질소량/체내에 흡수된 질소량×100

나. 단백가: 표준 단백질의 아미노산 구성량과 비교한 후 수치가 가장 부족한 아미노산(제한 아미노산)의 표준 구성량을 백분율

다. 식품의 단백가와 생물가

종류	생물가	단백가	종류	생물가	단백가
달걀	94	100	우 유	90	78
돼지고기	79	86	생 선	77	70
소고기	76	83	대 두	75	73
쌀	75	72	감 자	67	56
밀	67	47	옥수수	60	42

⑦ **기능:** 에너지의 이차적 급원(1 g당 4 kcal)

가. 체조직 구성(근육, 머리카락, 혈구, 혈장 단백질 등), 효소, 호르몬, 항체의 구성

나. 삼투압 조절, 체액의 pH를 일정하게 유지하며 물렁뼈 조직 형성, 뼈의 기초

⑧ **섭취량:** 총 섭취 열량의 약 15%를 권장하지만 과잉 시 혈압 상승, 불면증 등이 나타나고 결핍 시 질병에 대한 저항력 감소, 빈혈, 지방간, 체중 감소, 콰시오커 등

5) 무기질

① **성분**

가. 체중의 4%가 무기질로 구성

나. 칼슘과 인이 3/4 차지, 1/4은 칼륨, 황, 나트륨, 염소, 구리, 철, 마그네슘, 망간, 요오드, 아연 등 존재

② **무기질의 종류와 기능**

가. 칼슘(Ca)

- 인체에 무기질 중 가장 많이 존재하며 혈액 응고, 근육에 탄력을 줌
- 99%는 골격과 치아를 형성, 1%는 체액에 존재
- 함유식품: 우유, 녹색채소, 뼈째 먹는 생선 등
- 결핍증: 구루병(어린이), 골연화증(노인)

나. 인(P)

- 칼슘, 마그네슘과 결합하여 골격을 형성
- 세포의 핵과 핵산, 핵단백질의 구성 성분

• 함유식품: 우유, 치즈, 육류, 콩류, 알류 등

다. 철(Fe)

• 체내에 미량 존재하며 헤모글로빈의 주성분으로 산소를 운반
• 함유식품: 동물의 간, 난황, 살코기, 콩류, 녹색채소 등
• 결핍증: 빈혈

라. 나트륨(Na)

• 염소와 결합하여 염화나트륨(NaCl)의 형태로 체액에 존재
• 삼투압과 pH평형 유지
• 함유식품: 소금, 육류, 우유 등
• 과잉증: 고혈압

마. 요오드(I)

• 갑상선 호르몬인 티록신의 구성 성분
• 에너지 대사 조절, 지능 발달과 유즙 분비에 관여
• 함유식품: 다시마, 미역, 김, 생선, 조개류 등
• 과잉증: 바제도병
• 결핍증: 갑상선종, 대사율 저하, 성장 부진

6) 물

① 기능

가. 몸무게의 2/3를 차지하며, 영양소의 흡수와 운반

나. 노폐물을 체외로 방출하고 체온을 조절

다. 삼투압을 조절하여 체액을 정상으로 유지

② 필요량

가. 성인: 1 kcal당 1 mℓ(1,800~2,500 mℓ)

나. 영·유아: 1 kcal 당 1.5 mℓ

③ 물 부족: 체내 수분의 20%를 상실하면 사망

7) 비타민

① 비타민의 특성

가. 체내에서 합성되지 못하므로 반드시 음식으로 섭취

나. 지용성 비타민(A, D, E, K)은 알코올과 유지에 녹고, 지방과 함께 흡수되며, 축적 시 과잉 장애

다. 수용성 비타민(B군, 아스코르브산)은 물에 녹고 축적이 적으므로, 매일 일정량 섭취해야 결핍증세 없음

② 지용성 비타민의 종류

가. 비타민 A(Retinol): 항안성

- 결핍증: 야맹증, 모낭각화증, 안구건조증
- 함유식품: 간, 버터, 녹황색 채소, 난황

나. 비타민 D(Calciferol): 항구루성

- 결핍증: 구루병, 골연화증, 골다공증
- 함유식품: 대구, 간, 효모, 말린 버섯

다. 비타민 E(Tocopherol): 항산화성

- 결핍증: 불임증, 근육마비
- 함유식품: 곡식의 배아, 식물성 기름

라. 비타민 K: 응혈성

- 결핍증: 불임증, 근육마비
- 함유식품: 녹황색 채소, 동물의 간, 양배추

③ 수용성 비타민

가. 티아민(비타민 B_1, Thiamine): 항각기성

- 결핍증: 각기병, 식욕부진, 피로
- 함유식품: 곡류의 배아, 돼지고기, 콩류

나. 리보플라빈(비타민 B_2, Riboflavin): 성장촉진성

- 결핍증: 구순구각염, 안질, 설염
- 함유식품: 우유, 간, 육류, 달걀, 셀러리

다. 니아신(Niacin): 항펠라그라성

- 결핍증: 펠라그라, 체중감소, 빈혈
- 함유식품: 효모, 육어류, 동물의 간

라. 피리독신(비타민 B_6, Pyridoxine): 항피부성

- 결핍증: 피부병, 저혈소성빈혈
- 함유식품: 미강, 효모, 동물의 간, 난황

마. 코발라민(비타민 B_{12}, Cobalamin): 항악성빈혈성

- 결핍증: 악성 빈혈
- 함유식품: 동물의 간, 조개류, 치즈, 육류

바. 아스코르브산(비타민 C, Ascorbic acid)

- 결핍증: 괴혈병, 피하 출혈, 체중감소, 저항력 감소
- 함유식품: 채소, 과일, 감자

④ **비타민 결핍증:** 지용성 비타민은 필요 이상 섭취하면 간에 저장되지만, 수용성 비타민은 체내에 저장되지 않고 그대로 배설, 따라서 지용성 비타민은 결핍증이 서서히 나타나고, 수용성 비타민은 빨리 나타남

⑤ **비타민의 양을 재는 단위:** 보통 밀리그램(mg), 마이크로그램(μg), I.U.(국제단위)로 표시, 비타민 A는 RAE로 표시함

(12) 소화, 흡수

1) 음식의 소화와 흡수

① **소화:** 탄수화물, 지방, 단백질이 소화효소에 의해 우리 몸에 흡수될 수 있도록 단당류, 지방산, 글리세롤, 아미노산으로 분해되는 과정을 말함

② **입에서의 소화:** 물리적 소화 작용으로 음식을 씹어서 잘게 부숨

가. 뮤신: 당단백질로 점성 있음

나. 레닌: 위액에 있으며, 효소는 아니나 유즙을 응고시켜 소화를 도와줌

다. 담즙: 지방을 유화시켜 리파아제의 작용을 도움

③ **흡수:** 섭취하면 음식물의 소화, 흡수 시간은 약 2시간 소요됨

가. 당류, 비타민, 무기질은 소장 점막에 그대로 흡수됨

나. 소화된 단당류, 아미노산, 수용성 비타민, 무기염류는 간에서 흡수됨

다. 지방산, 글리세롤, 지용성 비타민은 융털의 상피세포 → 지방으로 재합성 → 암죽관 → 가슴관→ 정맥 → 각 기관에서 흡수됨

라. 수분은 대장에서 흡수되고, 흡수되지 않은 것은 변으로 배설됨

④ **소화 흡수에 영향을 주는 조건**

가. 신경상태: 신경적 압박, 긴장, 감상, 흥분 등은 소화액 분비를 감소시키고 소화기간의 근육운동을 억제함

나. 영양소의 불균형: 티아민, 리보플라빈 부족은 식욕 저하, 소화에 간접적인 영향을 주고, 과식이나 덜 익은 음식은 소화에 나쁨

⑤ **에너지 대사**

가. 식품의 열량가: 폭발 열량계 내에서 식품 1 g을 연소시켰을 때 생기는 열량(탄수

화물: 4.1 kcal, 지방: 9.45 kcal, 단백질: 5.65 kcal)

나. 인체 내에서의 열량가: 탄수화물과 지방은 완전 연소되고, 단백질은 불완전 연소로 질소가 소변으로 배설되어 1 g당 1.3 kcal가 손실됨

다. 생리적 열량가(Atwater 계수): 체내 흡수율에 따른 열량(탄수화물: 4.1 kcal×98/100=4 kcal, 지방: 9.45 kcal×95/100=9 kcal, 단백질: 4.35 kcal×92/100=4 kcal)

⑥ **기초 대사량 측정 조건:** 완전 휴식상태, 식품 12~18시간, 실내온도 20~22℃

2) 영양섭취기준(dietary reference intakes, DRIs)

① **영양섭취기준 제정 배경:** 현대사회에서는 영양부족이 차지하는 비중은 줄어들고 있는 반면 비만과 만성질환의 위험률이 증가하고 있으며 영양 보충제, 건강보조식품의 사용증가로 영양소의 과다섭취가 건강에 미치는 영향에 대한 우려도 높아지고 있으므로 인간의 건강을 최적상태로 유지하는 것에 그 목표를 둠

② **영양섭취기준의 구성**

가. 평균필요량(EAR): 대상 집단을 구성하는 건강한 사람 절반에 해당하는 일일 필요량을 충족시키는 값

나. 권장섭취량(RI 또는 RNI): 평균필요량에 표준편차의 2배를 더하여 정함

다. 충분섭취량(AI): 영양소 필요량에 대한 정확한 자료나 부족하거나 필요량의 중앙값과 표준편차를 구하기 어려워 RDA를 산출할 수 없는 경우에 제시함

라. 상한섭취량(UL): 인체 건강에 유해영향이 나타나지 않는 최대 영양소 섭취수준임

(13) 식단 작성

1) 식단 작성의 의의

식단이란 가정이나 집단의 장기적인 식사계획표로서 식품과 영양에 관한 기초지식, 조리법, 식품위생 등의 지식을 바탕으로 필요한 영양을 균형적으로 보급하고 기호를 충족시킬 수 있도록 음식의 분류와 분량을 정하는 데 의의가 있음

2) 식단 작성의 목적

① 시간과 노력의 절약

② 식품비의 조절 또는 절약

③ 영양과 기호의 충족

④ 합리적 식습관의 형성

3) 식단 작성의 필요조건

① **영양면:** 우리나라 식사구성안의 식품군을 고루 이용하고 단백질, 칼슘의 섭취가 충분하도록 성인 환산치를 이용한 영양 필요량에 알맞은 식품과 양을 택함

② **경제면:** 신선하고 값이 싼 식품 또는 제철 식품을 이용함

③ **기호면:** 편식을 피하기 위해 식품 또는 요리를 선택하고 적당한 조미료를 사용함

④ **지역적인 면:** 지역 실정에 맞추어 재료를 활용하고 식생활과 조화될 수 있는 식단을 말함

⑤ **능률면:** 주방의 구조 및 설비, 조리기구 등을 고려해서 선택하고 가공 식품을 효율적으로 이용함

4) 식단 작성의 기초 지식

① 5가지 기초식품군

군별	구성	주요 식품군	식품별	
제1군	단백질	어·육류, 알류, 콩류	근육, 혈액, 뼈, 모발, 피부, 장기 등과 같은 몸의 조직	구성식품
제2군	칼슘	우유 및 유제품, 생선		
제3군	비타민, 무기질	채소 및 과일류	몸의 생리기능 조절, 질병 예방	조절 식품
제4군	탄수화물	곡류 및 감자류	힘과 체온을 발생	열량식품
제5군	지 방	유지류		

② **산성식품:** 인(P), 황(S), 염소(Cl)를 많이 포함한 것으로 곡류, 고기, 생선, 달걀, 치즈, 두부 등

③ **알칼리성 식품:** 칼슘(Ca), 마그네슘(Mg), 나트륨(Na), 칼륨(K) 등의 무기질을 많이 포함한 것으로 우유, 채소, 과일, 감자류, 해조류 등

5) 식단 작성의 순서(고려사항)

① 영양기준량산출 → 식품 섭취량 산출 → 3식의 배분 결정 → 식단 작성 주기 결정 → 식량배분계획 → 식단표 작성

② 식단 표기순서: 주식 → 국 → 구이, 조림, 튀김류 → 나물 → 김치류 → 후식, 음료

③ 식품 구성의 기준

가. 열량: 19세 이상 성인의 경우, 열량 구성의 비는 탄수화물 55~65%, 총지방

15~30%, 단백질 7~20%가 기준임

나. 단백질: 단백질 권장섭취량 중 1/3 이상은 양질의 동물성 단백질을 섭취함

다. 무기질 및 비타민: 뼈째 먹는 생선, 우유 및 유제품, 과일, 기타 채소를 권장함

(14) 식사 형태

1) 한국인 전통적인 식사형태

① **반상:** 밥을 주식으로 하는 상차림을 반상이라 하며, 반찬의 수에 따라 나뉨

가. 기본식: 밥, 국, 김치, 종지(간장, 초장, 초고추장)로 첩 수에서 제외

나. 3첩 반상: 밥, 탕, 김치, 종지 1개(간장), 반찬 3가지(생채, 조림 또는 구이, 장아찌)

다. 5첩 반상: 밥, 탕, 김치, 종지 2개(간장, 초간장), 조치 1가지(찌개), 반찬 5가지(생채, 조림, 마른 찬, 숙채, 전유어)

라. 7첩 반상: 밥, 탕, 김치, 종지 2개(간장, 초간장), 조치 2가지(찌개, 찜), 반찬 7가지(5첩 외에 구이, 회)

마. 9첩 반상: 밥, 탕, 김치, 종지 3개(간장, 초간장, 초고추장), 조치 2가지(찌개, 찜), 반찬 9가지(7첩 외에 생채, 구이 1가지 씩 추가)

바. 12첩 반상: 밥, 탕, 김치, 종지 3개(간장, 초간장, 초고추장), 조치 2가지(찌개, 찜), 반찬 12가지(9첩 외에 숙채, 전유어, 회 1가지씩 추가)

② **교자상:** 손님에게 내는 상으로 5첩 반상 이상을 교자상이라 하여 연회식으로 사용하고, 경축일에는 면상

③ **주연상(주안상):** 술을 접대할 때 차리는 상

④ **면상:** 주로 점심에 많이 사용되며 면류인 국수를 주식으로 준비한 상으로, 면상에는 깍두기, 장아찌, 밑반찬, 젓갈 등은 사용하지 않음

2) 특수인의 식단

① **소아의 식단:** 성장 발육의 시기이므로 많은 양의 영양성분을 필요로 함

가. 특히 양질의 동물성 단백질과 뼈의 발육에 필요한 칼슘을 충분히 공급함

나. 발육, 성장에 관여하는 비타민 A, B_1, B_2, D 및 철분을 많이 섭취해야 함

② **노인의 식단:** 성장과 발육에 관계되는 영양 요구량이 아닌 소모량을 기준으로 함

가. 지방은 식물성 식품으로부터 섭취하도록 하고, 칼슘 식품인 우유와 유제품을 충분히 섭취하며 채소, 과일도 충분히 섭취함

나. 노인 영양은 양질의 단백질 섭취와 변비가 되지 않도록 섬유질과 비타민이 많은 식품과 소화되기 쉬운 조리법을 택하여 적당량을 섭취함

③ **임산부의 식단:** 태아와 임산부의 건강 유지를 위해 충분한 영양을 섭취하도록 하며, 특히 양질의 단백질과 칼슘, 철분을 충분히 섭취해야 함

④ **환자식**

가. 위궤양: 출혈성 궤양은 절식하며, 비출혈성 궤양은 단백질과 유화지방을 섭취하여 자극성이 없고 소화가 잘 되는 식사를 해야함

나. 당뇨병: 단백질, 지방, 무기질, 비타민을 충분히 공급하고 설탕 및 탄수화물, 알코올을 제한하고 총 칼로리 섭취량을 제한함

다. 결핵: 고단백, 고열량 식품과 무기질, 비타민 등을 충분히 섭취해야 함

라. 비만증: 지방식품, 설탕제품, 술 및 탄산음료 등은 제한하고 저칼로리의 식사를 해야함

마. 체중 부족: 당질, 지방 등의 고열량 식품을 섭취하고 양질의 단백질 위주의 식사를 해야 함

바. 고혈압: 저지방 식이와 정상체중을 유지하도록 하고, 알코올 및 염분을 제한함

사. 심장병: 충분한 영양을 공급하고, 지방과 염분을 제한함

아. 신장병: 고지방, 고당질 식사를 하고, 단백질을 제한하며, 염분, 술 커피 등은 피함

(15) 조리의 설비

1) 조리장의 기본요소와 위치

① **조리장의 기본요소**

조리장을 신축 또는 증·개축할 때는 위생, 능률, 경제의 3요소를 기본으로 함

② **조리장의 위치**

가. 통풍, 채광 및 급수와 배수가 용이하고, 소음, 악취, 가스, 분진 등이 없는 곳이어야 함

나. 변소 및 오물처리장 등에서 오염될 염려가 없을 정도의 거리에 떨어져 있는 곳이 좋음

다. 물건 구입 및 반출이 용이하고, 출입이 편리해 작업이 불편하지 않은 곳임

③ **조리장의 면적 및 형태**

가. 조리장의 면적: 일반적으로 식당넓이의 1/3을 기준으로, 일반급식소(1식당) 0.1 m^2, 학교(아동 1인당) 0.1 m^2, 병원급식시설(침대 1개당) 1.0 m^2, 기숙사(1인당) 0.3 m^2

나. 조리장의 폭: 주방의 평면형에서 폭과 길이의 비율은 폭 1.0 m, 길이 2.0~2.5 m가 능률적이며, 정사각형이나 원형은 동선의 교체가 증가되어 비능률적

다. 작업 공간

- 싱크대 위의 선반 높이: 최소 80 cm 이상, 통로의 폭 1.0~1.5 m
- 선반과 벽의 간격: 최소 80 cm(저장고에서 물품을 들었을 때)
- 식당의 배식 공간: 식사할 사람 뒤에 준비하는 사람들이 움직일 수 있는 간격을 고려
- 저장고: 길이는 60 cm, 높이는 키에 따라 조절, 넓이는 저장물품의 양에 따라 결정
- 예비 작업대 → 개수대 → 주조리 작업대 → 가열 작업대 → 배식대의 순서로 배치

④ **식당의 면적:** 식당의 면적은 취식자 1인당 1.0 m^2를 필요로 하며, 식기회수공간을 10% 더함. 예를 들어 1회 200명을 수용하는 식당은 1.0×200=200 m^2

2) 조리장의 설비

① 조리장의 건물

가. 충분한 내구력이 있는 건물로, 객실 및 객석과는 구획의 구분이 분명할 것

나. 조리장의 바닥과 내벽은 타일 등 내수성 자재를 사용한 구조일 것

② 급수시설

가. 수돗물 또는 공공기관에서 음용수로 적당하다고 인정하는 것이어야 함

나. 지하수를 사용하는 경우 오염원으로부터 20 m 이상 떨어져 있어야 함

다. 주방에서 사용하는 물의 양은 일반적으로 식단 6~10 L(평균 8 L), 학교급식 4~6 L(평균 5 L), 병원급식 10~20 L(평균 15 L), 공장급식 5~10 L(평균 7 L), 기숙사급식 7~15 L(평균 11 L) 정도이며, 설거지 및 소독과 청소용수 등을 포함

③ 조명시설

가. 식품위생법상의 기준조명은 객석 30 LUX(유흥음식점은 10 LUX), 단란주점 30 LUX, 조리실은 50 LUX 이상

나. 객실에는 어떠한 종류의 촉광조절장치도 설치할 수 없음

④ 환기시설

창에 팬을 설치하는 방법과 후드(Hood)를 설치하여 환기를 하는 방법으로 후드의 모양은 환기속도와 주방의 위치에 따라 달라지며, 4방 개방형이 가장 효율이 좋음

⑤ 방충, 방서 시설

가. 창문, 조리장, 출입구, 화장실, 배수구에는 쥐 또는 해충의 침입을 방지할 수 있

는 설비를 해야 함

나. 조리장의 방충망은 30매시[매시: 가로, 세로 1인치(Inch) 크기의 구멍 수, 예를 들어 30매시란 가로, 세로 1인치 크기에 구멍이 30개인 것] 이상이어야 함

⑥ 화장실

남녀용으로 구분되고 내수성자재로, 손 씻는 시설을 갖추어야 하며 사용하는 데 불편이 없는 구조여야 함

⑦ 음식물 및 원재료 보관시설

원재료 및 조리와 손님에게 내는 식기류를 위생적으로 보관할 수 있는 시설과 냉장장치를 하고 이에 맞춰 분류하여 보관함

구분	온도(℃)	보관식품
냉동실	-20~-10	육류, 어류, 아이스크림, 크로켓 등
냉장실	3~6	음료수, 김치 등
저온실	0~2	달걀, 우유, 조리한 육류, 어류 등
무건조실	7~10	채소, 과일 등

⑧ 조리기기

가. 필러(Peeler): 감자, 무, 당근, 토란 등의 껍질을 벗기는 기계(박피기)

나. 식품절단기(Food cutter): 육류를 저미는 슬라이서(Slicer), 채소를 여러 가지 형태로 썰어주는 베지터블 커터(Vegetable cutter), 식품을 다져내는 푸드 초퍼(Food chopper)

다. 살라만더(Salamander): 가스 또는 전기를 열원으로 하는 하향식 구이용 기기로, 생선 및 스테이크 구이용으로 많이 쓰임

라. 그릴(Grill) 및 브로일러(Broiler): 여러 가지의 열원을 이용하며, 직접 열을 발산하여 석쇠구이의 효과를 내는 구이용 기기

마. 그리들(Griddle): 두꺼운 철판으로 만들어진 번철로 열을 가열하여 달걀요리, 팬케이크(Pancake), 샌드위치(Sandwich) 조리 시 사용

바. 스키머(Skimmer): 음식물을 삶을 때 유지(기름기), 거품(뜨는 찌꺼기) 등을 걷어 내는데 사용

사. 스쿠퍼(Scooper): 아이스크림이나 채소의 모양을 뜨는 데 사용

아. 와이어 위퍼(Wire whipper): 달걀의 거품을 내는데 사용

자. 기타: 로스터(뜨거운 공기로 음식물을 조리하는 기기), 프라이어(튀김기), 믹서(혼합기), 세기기(세척기), 레인지(가열기기), 배상차(음식운반기기) 등이 있음

(16) 원가계산

1) 원가 계산의 목적

① **가격결정:** 생산된 제품의 판매가격을 결정할 목적으로 원가를 계산

② **원가관리:** 원가관리의 기초자료를 제공하여 원가를 절감하기 위해 원가를 계산

③ **예산편성:** 제품의 제조, 판매 및 유통 등에 대한 예산의 편성에 따른 기초자료를 제공

④ **재무제표 작성:** 경영활동 결과를 재무제표로 작성하여 기업의 외부 이해관계자에게 보고하는데, 이때 기초 자료로 제공

2) 원가의 종료

① **원가의 3요소**

가. 재료비: 제품의 제조를 위하여 소요되는 물품의 원가(급식 재료비)

나. 노무비: 제품의 제조를 위하여 소비되는 노동의 가치(임금, 급료, 상여금)

다. 경비: 제품의 제조를 위하여 소비되는 재료비, 노무비 이외의 가치, 수도비, 광열비, 전력비, 보험료, 감가상각비, 전화사용료, 여비, 교통비 등(외주가공비)

② **원가의 종류**

가. 직접원가: 특정제품에 직접 부담시킬 수 있는 원가(직접재료비+직접노무비+직접경비)

나. 제조원가: 직접원가에 제조간접비를 추가한 원가(직접원가+제조간접비)

다. 총원가: 제품의 제조원가에 판매관리비를 추가한 원가(제조원가+판매관리비)

라. 판매원가: 총원가에 이익을 추가한 원가로 판매가격이 되는 원가(총원가+이익)

마. 실제원가(확정원가, 현실원가): 제품 제조 후 실제로 소비된 원가

바. 예정원가(사전원가, 추정원가): 제품의 제조에 소비될 것으로 예상되는 원가

사. 표준원가: 과학적 및 통계적 방법에 의하여 미리 표준이 되는 원가

3) 원가 계산의 원칙

① **진실성의 원칙:** 제품의 제조, 판매 및 서비스의 제공에 소비된 원가를 정확하게 계산하여 진실하게 표현해야 된다는 원칙

② **발생기준의 원칙:** 모든 비용과 수익의 계산은 그 발생시점을 기준으로 해야 한다는 원칙(현금 수지에 관계없이 원가 발생 사실이 있으면 인정)

③ **계산경제성의 원칙(중요성의 원칙):** 원가의 계산에 있어서는 경제성을 고려한다는 원칙

④ **확실성의 원칙:** 원가의 계산에 있어서는 확실성이 높은 방법을 선택해야 한다는 원칙

⑤ **정상성의 원칙:** 정상적으로 발생한 원가만을 계산하고, 비정상적으로 발생한 원가는 계산하지 않는다는 원칙

⑥ **비교성의 원칙:** 원가 계산이 다른 부분의 원가를 비교할 수 있도록 실행되어야 한다는 원칙

⑦ **상호관리의 원칙:** 원가의 계산은 일반회계, 각 요소별 계산, 부문별 계산, 제품별 계산 간에 유기적 관계를 이루어 상호관리가 가능해야 한다는 원칙

4) 원가 계산의 구조

① **요소별 원가 계산:** 제품의 원가를 재료비, 노무비, 경비의 3가지 요소별로 분류하며 요소별로 계산하는 제 1단계 원가 계산으로서 비목별 원가 계산이라고도 함

<table>
<tr><td rowspan="6">제조원가
요소</td><td rowspan="3">직접비</td><td>직접재료비</td><td>주요재료비(단체급식 시설에서는 급식원 제출)</td></tr>
<tr><td>직접노무비</td><td>임금</td></tr>
<tr><td>직접경비</td><td>외주가공비</td></tr>
<tr><td rowspan="3">간접비</td><td>간접재료비</td><td>보조재료비(단체급식 시설에서는 조미료, 양념 등)</td></tr>
<tr><td>간접노무비</td><td>급료, 급여수당 등</td></tr>
<tr><td>간접경비</td><td>감가상각비, 보험료, 수선비, 여비, 교통비, 전력비, 가스비, 수도, 광열비, 통신비 등</td></tr>
</table>

② **부문별 원가 계산:** 전 단계에서 파악된 원가요소를 원가부문별로 분류 집계하여 계산, 제 2단계 원가 계산을 말함

③ **제품별 원가 계산:** 각 부문별로 집계한 원가를 제품별로 배분하여 최종적으로 각 제품의 제조원가를 계산하는 제 3단계 원가 계산을 말함

5) 재료의 계산

① **재료의 개념:** 제품의 제조과정에서 실제로 소비되는 재료의 가치를 화폐액수로 표시한 금액을 재료비라 함

가. 소비한 재료의 수당에 단가를 곱하여 소비된 재료의 금액을 계산함

나. 재료비=재료소비량×재료소비단가

② **재료 소비량의 계산**

가. 계속기록법: 재료의 구입, 불출량 및 재고량 등을 계속적으로 기록하여 재료 소

비량을 파악하는 방법으로 소비량을 정확히 계산할 수 있고 재료의 소비처를 알 수 있는 가장 좋은 방법

나. 재고조사법: 전기의 재료 이월량과 당기의 재료 구입량의 합계에서 기말 재고량을 차감함으로써 재료의 소비된 양을 파악하는 방법

- 당기 소비량=(전기 이월량+당기 구입량)−기말 재고량
- 월중 소비액=(월초 재고액+월중 매입액)−월말 재고액

다. 역계산법: 일정 단위를 생산하는 데 소요되는 재료의 표준 소비량을 정하고, 그것에 제품의 수량을 곱하여 총 재료 소비량을 산출하는 방법(재료소비량=제품단위당 표준소비량×생산량)

③ **재료 소비가격의 계산**

가. 개별법: 재료의 구입 단가별로 가격표를 붙여서 그 가격표에 표시된 구입단가를 재료의 표시가격으로 하는 방법

나. 선입선출법: 재료의 구입순서에 따라 먼저 구입한 재료를 먼저 소비한다는 가정 아래에서 재료의 소비가격을 계산하는 방법

다. 후입선출법: 나중에 구입한 재료를 먼저 사용

라. 단순평균법: 구입단가를 구입 횟수로 나눈 평균을 재료 소비단가로 하는 방법

마. 이동평균법: 구입 단가가 다른 재료를 구입할 때마다 재고량과의 가중 평균가를 산출하여 이를 소비 재료의 가격으로 하는 방법

(17) 원가관리와 감가상각

1) 원가관리

① **원가관리의 개념:** 원가의 통제를 위하여 가능한 한 원가를 합리적으로 절감하려는 경영기법

② **표준원가 계산:** 과학적 및 통계적 방법에 의하여 미리 표준이 되는 원가를 설정하고 이를 실제원가와 비교 분석하기 위하여 실시하는 원가 계산의 한 방법으로 실제원가를 통제하는 기능을 가짐

가. 표준원가의 설정: 미리 표준이 되는 원가(원가 요소별로 직접재료비 표준, 직접노무비 표준, 제조간접비 표준)를 구분하여 설정하고, 표준원가가 설정되면 실제원가와 비교하여 표준과 실제의 차이를 분석할 수 있음

나. 표준원가 차이 분석: 표준원가와 실제원가와의 차액을 말함, 직접재료비 차이, 직접노무비 차이, 제조간접비 차이를 구분하여 실시함

2) 손익분석

① 수익과 총비용(고정비+변동비)이 일치하는 점을 말하므로 이 점에서는 이익도, 손실도 발생하지 않음

② 수익(매상고 등)이 그 이상으로 증대하면 이익이 발생하고, 반대로 그 이하로 감소되면 손실이 발생함

③ 고정비: 제품의 제조, 판매 수량의 증감에 관계없이 고정적으로 발생하는 비용으로 감가상각비, 고정급 등

④ 변동비: 제품의 제조, 판매 수량의 증감에 따라 비례적으로 증감하는 비용으로 주요 재료비, 임금 등

3) 감가상각

① 기업의 자산은 고정가산(토지, 건물, 기계 등), 유동자산(현금, 예금, 원재료 등), 기타자산으로 구분함

② 고정자산은 대부분 그 사용과 시일의 경과에 따라 그 가치가 감가함

③ 감가상각이란 고정자산의 감가를 일정한 내용연수에 일정한 비율로 할당하여 비용으로 계산하는 것으로 이때 감가된 비용을 감가상각비라 함

④ 감가상각 계산의 3대 요소(기초가격, 내용연수, 잔존가격)

가. 기초가격: 구입가격(취득원가)

나. 내용연수: 취득한 고정자산이 유효하게 사용될 수 있는 추산 기간

다. 잔존가격: 고정자산이 내용연수에 도달했을 때 매각하여 얻을 수 있는 추정가격(구입가격의 10%)

⑤ 감가상각의 계산방법

가. 정액법: 고정자산의 감가총액을 내용연수에 균등하게 할당하는 방법(매년의 상각액=기초가격-잔존 가격/내용연수)

나. 정률법: 기초가격에서 감가상각비 누계를 차감한 미상각액에 대하여 매년 일정률을 곱하여 산출한 금액을 상각하는 방법이고 초년도의 상각액이 가장 크며 연수가 경과함에 따라 상각액은 점점 줄어 듦

4. 식품위생 및 법규

(1) 식품위생의 정의

1) 식품위생의 정의

① **세계보건기구(WHO)의 정의:** 식품의 생육, 생산 및 제조로부터 인간이 섭취하는 모든 단계에 있어서의 안전성, 건강성 및 완전무결성을 확보하기 위한 모든 수단임

② **식품위생법상의 정의:** 식품, 식품첨가물, 기구 및 포장을 대상으로 하는 음식물에 관한 위생

2) 식품위생의 목적

식품으로 인한 위생상의 위해를 방지하고 식품영양의 질적 향상을 도모, 국민보건의 향상과 증진에 이바지함을 목적으로 함

3) 식품위생의 대상

식품, 식품첨가물, 기구, 용기 및 포장 등 음식에 관한 전반적인 것을 대상으로 함

4) 식품위생 행정

① **기구 및 업무내용**

가. 국무총리실 식품의약품안전처: 식품위생 행정 업무를 총괄 관장

나. 국립보건원: 식품위생 행정을 보조, 검사

② **식품위생 행정시책**

가. 식품, 식품첨가물, 기구, 용기 등의 기준과 규격 설정

나. 식품검사제도 및 자가품질검사제도의 실시

다. 식품영업 종사자의 건강진단 및 위생교육 실시

라. 화학적 합성품인 식품첨가물의 고시

마. 식품위생 감시제도의 실시

바. 표시제도의 실시

사. 위해요소 중점관리(HACCP) 제도의 도입

아. 식중독 관리 및 보고체제 설정

자. 영업허가 및 영업신고 제도의 실시

(2) 미생물의 종류와 특성

1) 바이러스(Virus)

① 형태와 크기가 일정하지 않고, 경구 감염병의 원인

② 살아 있는 세포에만 증식하며 술수 배양이 불가능

③ 미생물 중에서 크기가 가장 작으며 세균 여과기를 통과하나는 여과성 미생물

2) 세균(Bacteria)

① 형태에 따라 구균(구형, *Coccus*)과 간균(막대형, *Bacillus*)으로 구분

② 세포벽의 염색성을 따라 그람 양성균과 그람 음성균으로 구분

③ 분열증식으로 대수적인 증식(대장균의 세대시간은 20분)

④ 중성 pH에서 잘 자라고 산성에서는 억제

⑤ 균사와 외생포자를 만드는 종류도 있음(방선균)

⑥ 편모라고 하는 운동기관을 가짐

⑦ 내열성과 내건성이 높은 휴면상태의 포자(아포)를 형성

⑧ 공기 중의 산소를 필요로 하는 호기성균과 산소를 필요로 하지 않는 혐기성균

⑨ 요구르트, 김치, 청국장, 식초 등의 발효식품 제조에 이용

3) 리케치아(Rickettsia)

① 세균과 바이러스의 중간에 속하며, 발진티푸스의 병원체

② 형태는 원형과 타원형으로 운동성이 없음

③ 2분법으로 증식하며 세포 속에서만 증식

4) 곰팡이(Mold)

① 진균류 중에서 균사체를 발육기관으로 하는 것을 사상균 또는 곰팡이

② 균사를 만들고 그 끝에 포자를 형성하며 증식은 균사 또는 포자

③ 세균보다 생육속도가 느림

④ 공기를 좋아하는 호기성으로 약산성 pH에서 잘 자라고 내산성이 높음

⑤ 장류, 주류, 치즈 등의 발효 식품 제조에 이용되는 것도 있음

⑥ 건조식품을 잘 변질시키고 곰팡이 독을 생성하는 것도 있음

5) 효모(Yeast)

① 형태는 구형, 달걀형, 타원형, 소시지형

② 출아법으로 증식하며 균사를 만들지 않음

③ 공기의 존재에 무관하게 성장(통성 혐기성)

④ 약산성 pH에서 잘 자라고 내산성이 높음

⑤ 세균과 곰팡이의 중간 크기로 발육 최적온도는 25~30℃ 이며 40℃ 이상이면 죽음

6) 스피로헤타(Spirochaeta)

① 나선형으로 운동성

② 단세포 생물과 다세포 생물의 중간

③ 매독의 병원체

(3) 미생물 발육

1) 미생물 발육요소 및 조건

미생물 발육 필요 요소	조건
영양소	• 탄소원(당질), 질소원(아미노산, 무기질소), 무기물, 비타민
수분	• 미생물의 주성분이며 생리기능을 조절에 필요 • 세균의 발육을 위해서는 약 50%의 수분요구 16% 이상에서는 곰팡이 번식 • 수분함량이 13% 이하면 세균과 곰팡이의 발육을 억제 • 건조한 환경에서의 발육 능력은 곰팡이가 가장 강하고, 다음이 효모, 세균 순
온도	• 미생물 생육불가(0℃ 이하 및 70℃ 이상) • 저온균–최적온도(15~20℃), 발육온도(0~25℃) • 중온균–최적온도(25~37℃), 발육온도(15~55℃) • 고온균–최적온도(50~60℃), 발육온도(40~70℃)
산소	• 호기성미생물: 산소 꼭 필요(곰팡이, *Bacillus*, 방선균) • 혐기성 미생물: 산소를 요구하지 않음 • 통성혐기성균: 산소유무 상관없음(*Escherichia*, 효모) • 편성혐기성균: 산소가 반드시 없어야 함(*Clostridium*, *Bifidobacterium*)
수소이온농도	• 곰팡이와 효모: pH 4~6의 약산성 상태 • 세균: pH 6.5~7.5의 중성 또는 약 알카리성

2) 식품위생검사의 지표미생물

대장균군	대장균	장구균
• 젖당을 발효시켜 가스를 형성하는 그람 양성 비포자형성 간균 • 동물과 사람의 분변에서 검출 • 식품위생의 지표 미생물로 취급	• 대장균군 중 분변성 대장균의 가장 대표 • 식품의 동결 시 사멸 • 검사 시 대장균군의 다른 세균들과의 구별이 쉽지 않아서 지표 미생물로서의 결점	• 대장에서 서식하는 *Enterococcus*로 식품의 동결 시 잘 죽지 않아 지표 미생물로서 좋은 점 • 오염이 분변과 직결되지 않는다는 점에서 잠재적인 지표 미생물로 취급

(4) 식품의 변질 및 보존법

1) 식품의 변질

식품의 장기간 방치해 두면 성분이 분해되어 외관이 변하고 파괴되며 향기, 맛 등이 달라져서 식품으로 섭취할 수 없게 되는 현상으로 열화(Spoilage)라고도 함

2) 식품의 변질 구분

① **부패:** 단백질이 미생물의 작용으로 분해되어 악취가 나고 유해한 물질이 생성되는 현상

② **변패:** 탄수화물이 변질되는 현상

③ **산패:** 지방이 분해, 산화되어 변색하며, 풍미 등의 노화현상을 일으키는 현상

④ **발효:** 탄수화물이 미생물의 작용을 받아 알코올이나 각종 유기산을 생성하는 현상

3) 변질의 원인

수분, 온도, 열, 일광, 산소, 광선, 금속 등의 영향을 받아 미생물이 증식함

4) 식품의 보존법

방법	내용	종류
물리적	수분 제거 (15% 이하)	• 자연건조법, 인공건조법(열풍, 분무, 피막, 동결, 감압)
	열 살균	• 저온: 62~65℃, 30분, 우유, 술, 주스 • 고온단시간: 72~75℃, 20초, 우유, 과즙 • 고온장시간: 95~120℃, 30~60분, 통조림 • 초고온순간: 130~150℃, 2초, 우유, 과즙

물리적	열	• 열 장고: 가열된 식품을 고온(70~80℃)으로 보존 • 냉장고: 0~10℃ 범위에서 식품보존(미생물 발육 저지) • 냉동보관: 0℃ 이하에서 식품을 동결 보관
	빛	• 자외선 조사: 자외선을 조사하여 살균 후 보관 • 방사선 조사: 방사선 β선이나 α선을 조사
화학적	염장(소금) 첨가	• 10% 정도의 소금에 절이는 방법으로 미생물 발육 억제
	당장(설탕) 첨가	• 설탕 농도가 50% 이상(젤리, 잼 등), 미생물 증식 저지
	산(식초) 첨가	• pH 범위를 벗어나게 하는 것으로 초산, 젖산, 구연산 등을 이용
	화학물 첨가	• 화학물질을 첨가하여 효소의 작용을 억제
복합	훈연법	육류나 어류를 염장, 탈수시킨 다음 벚나무, 참나무, 떡갈나무, 향나무 등의 수지가 적은 나무를 불완전 연소시켜 그을리는 방법(햄, 소시지, 베이컨)
	조미법	소금이나 설탕을 첨가하여 가열 처리한 조미 가공품(편강)
	화학물 첨가	미생물을 살균하고 발육을 저지하기 위해 화학물질을 첨가하여 효소의 작용을 억제하는 방법

(5) 식중독

1) 식중독의 정의

미생물, 유독물질, 유해 화학물질 등이 음식물에 첨가되거나 오염되어 발생하는 것으로 급성 위장염 등의 생리적 이상을 초래하는 것을 말함

2) 발생 시기

세균의 발육이 왕성하여 식품이 부패되기 쉬운 6~9월 사이에 가장 많음

3) 원인

장염비브리오균, 살모넬라균, 포도상구균 등의 식중독 세균에 노출(부패)된 음식물을 섭취하여 발생하며 실제로 전체 식중독 중 세균성 식중독이 80% 이상

4) 식중독 환자의 증상

설사와 복통, 그 밖에 구토, 발열, 두통

5) 식중독의 분류

	감염형	독소형
세균성 식중독	**1) 살모넬라:** ① **균주:** *Salmonella Typhimurium, Sal. Enteritidis* ② **원인식품:** 육류 및 그 가공품, 우유 및 유제품, 채소, 샐러드, 조육 및 알 ③ **잠복기:** 식후 8~20시간 ④ **증상:** 설사, 복통, 구토, 발열 ⑤ **예방:** 열에 약하므로 음식물은 60℃에서 30분간 가열 **2) 장염비브리오(Vibrio):** ① **균주:** *Vibrio Parahaemolyticus*, 해수세균의 일종으로 3%의 소금물에서 잘 생육, 생육 적온 37℃ ② **원인식품:** 어패류(주로 하절기) ③ **잠복기:** 식후 10~18시간 ④ **증상:** 구토, 복통, 설사(혈변), 약간의 발연 ⑤ **예방:** 여름철에 어패류의 생식을 금하고, 저온에서 번식하지 못하므로 냉장보관 **3) 병원성 대장균 :** ① **균주:** *Escherichia Coli* ② **원인식품:** 우유가 주원인, 햄버거, 샐러드, 소고기 등 ③ **잠복기:** EHEC 3~8일, EIEC 10~18시간, EPEC9~12시간 ETEC 10~12시간 ④ **증상:** 설사(혈변), 복통, 두통, 발열 ⑤ **예방:** 환자와 가축을 잘 관리하여 식품과 물이 오염되지 않도록 주의, 식품과 음료수의 살균 **4) 웰치균(Welchii):** ① **균주:** *Clostridiumper Fringens*(Cl. Welchii), 토양과 사람 및 동물의 장관에 상주하며 독소 생성, 발육 최적온도 37~45℃, A~F의 형 중 A, F형이 식중독의 원인균 ② **원인식품:** 육류, 어패류의 가공품, 가열 조리 후 실온에서 5시간 경과한 단백질성 식품 ③ **잠복기:** 8~20시간 ④ **증상:** 구토, 복통, 설사(혈변)	**1) 포도상구균:** ① **균주:** *Stapylococcus Aureus*(황색포도상구균), 화농성 질환의 대표적인 원인균, 장독소 엔테로톡신 생성(장독소는 내열성이 강해 120℃에서 30분간 처리해도 파괴되지 않음). ② **원인식품:** 유가공품(우유, 크림, 버터, 치즈), 조리식품(떡, 콩가루, 김밥, 도시락) ③ **잠복기:** 1~6시간 ④ **증상:** 구토, 복통, 설사 ⑤ **예방:** 식품 및 조리기구의 멸균 식품의 저온 보관과 오염 방지, 조리실의 청결 유지, 화농성 질환자의 식품취급 금지, 조리된 식품의 신속한 섭취 **2) 보툴리누스균(Botulinus)** ① **균주:** *Clostridium Botulinum*, 유기물이 많은 토양 하층 및 늪지대에서 서식, 신경독소 뉴로톡신 생산(열에 약하여 80℃에서 15분 가열하면 비활성화) ② **원인식품:** 불충분하게 가열살균 후 밀봉 저장한 식품(통조림, 소시지, 병조림, 햄 등) ③ **잠복기:** 12~36시간 ④ **증상:** 신경계 마비증상 ⑤ **예방:** 세균성 식중독 중 치명률이 가장 높음(40%), 음식물의 충분한 가열, 살균처리, 통조림, 소시지 등의 위생적 보관과 위생적 가공

세균성 식중독	**5) 아리조나균(Arizona):** ① **균주:** *Salmonella Arizona*, 가금류와 파충류의 정상적인 장내 세균 ② **원인식품:** 가금류, 난류와 그 가공품 ③ **잠복기:** 18~24시간 ④ **증상:** 메스꺼움, 설사, 구토, 발열 **6) 장구균:** ① **균주:** *Enterococcus Faecalis*, 사람과 동물의 정상적인 장내 세균 ② **원인식품:** 유제품(치즈, 우유), 육류(소시지, 햄), 곡류 ③ **잠복기:** 5~10시간 ④ **증상:** 설사, 복통, 구토 **7) 알레르기성** ① **균주:** *Proteus Morganii*, 알레르기를 일으키는 히스타민 생성 ② **원인식품:** 붉은살 생선(꽁치, 고등어 정어리 참치 등) ③ **잠복기:** 30분 전후 ④ **증상:** 안면홍조, 발진(두드러기)	**3) Cereus 균:** ① **균주:** *Bacillus Cereus*, 내열성(135℃에서 4시간 가열해도 견딤), 토양, 물, 곡물 등의 자연에 널리 분포, 식품에 증식하며 설사독소와 구토독소 생산 ② **원인식품:** 수프, 바닐라, 소스, 푸딩, 밥, 떡 등 ③ **잠복기:** 8~16시간(설사형), 1~5시간(구토형) ④ **증상:** 복통, 설사, 메스꺼움, 구토 ⑤ **예방:** 제조된 식품 즉시 섭취, 즉시 냉각 후 냉장 또는 60℃ 이상으로 보존

	유해성 금속물질에 의한 식중독	농약에 의한 식중독
화학물 식중독	**1) 수은(Hg):** ① **중독경로:** 콩나물을 재배할 때 소독제로 유기수은제 사용 시, 수은을 포함한 공장폐수로 인한 어패류의 오염 ② **중독증상:** 중추신경장애(미나마타병: 지각이상, 언어장애, 보행곤란) **2) 납(Pb):** ① **중독경로:** 통조림의 땜납, 도자기나 법랑용기의 안료, 납 성분이 함유된 수도관, 납 함유 연료의 배기가스 등 ② **중독증상:** 헤모글로빈 합성 장애에 의한 빈혈, 구토, 구역질, 복통, 사지마비(급성), 피로, 소화기장애, 지각 상실, 시력장애, 체중 감소 등	**1) 유기인제** (파라티온,마라티온,다이아지논,TEPP 등): 신경증상, 혈압 상승, 근력 감퇴, 전신 경련 등 **2) 유기염소제** (DDT, BHC 등의 살충제와 2,4-D, PCP 등의 제초제): 신경중추의 지방조직에 축적되어 신경계의 이상 증상, 복통, 설사, 구토, 두통, 시력감퇴, 전신권태 **3) 비소제** (산성 비산납, 비미산 칼륨 등의 농약): 목구멍과 식도의 수축, 위통, 구토, 설사, 혈변, 소변량 감소, 갈증 등 **4) 유기수은제(종자소독용 농약):** 중추신경장애, 경련, 시야축소, 언어장애 등

화학물 식중독	**3) 카드뮴(Cd):** ① **중독경로:** 법랑용기나 도자기 안료 성분의 용출, 도금 공장, 광산 폐수에 의한 어패류와 농작물의 오염 ② **중독증상:** 이타이이타이병, 신장장애, 폐기종, 골연화증, 단백뇨 등 **4) 비소(As):** ① 중독경로: 순도가 낮은 식품첨가물 중 불순물로 혼입, 도자기, 법랑용기의 안료로 식품에 오염, 비소제 농약을 밀가루로 오용하는 경우 ② **중독증상:** 급성중독(위장장애, 설사), 만성중독(피부 이상 및 신경장애) **5) 구리(Cu):** 구리로 만든 식기, 주전자, 냄비 등의 부식(녹청)과 채소류 가공품에 엽록소 색제로 사용하는 황산구리를 남용할 때 **6) 아연(Zn):** 아연 도금한 조리 기구나 통조림으로 산성 식품을 취급할 때 **7) 주석(Sn)** 산성 과일 제품을 주석 도금한 통조림통에 담을 때 **8) 크롬(Cr)** 도금공장 폐수나 광산 폐수에 오염된 물을 음용할 때	**5) Carbamate제:** (살충제 및 제초제, 농약 유기염소제 대체용): 콜린에스테라아제(cholinesterase)의 작용억제에 따른 신경자극의 비정상 작용이나 유기인제 농약보다 독성이 낮고 체내 분해가 쉬워 중독 시 회복이 빠름
	식품의 제조, 조리 시 생성되는 유해 물질	
	1) 메탄올(Methanol): 과실주 및 정제가 불충분한 증류주에 미량 함유되어 두통, 현기증, 구토유발, 실명하거나 사망 **2) 니트로소 화합물(Nitroso compound):** 니트로소아민(Nitrosamine, 발암성)이 문제되는 물질로 햄·소시지 등의 발색제로 사용되는 아질산염, 체내의 위에서 생성되기도 함	

	동물성 식중독	식물성 식중독
자연물 식중독	**1) 복어독** ① **독성물질**: 테트로도톡신(Tetrodotoxin), 복어의 알과 생식 전(난소, 고환), 간, 내장, 피부 등에 함유, 독성이 강하고 물에 녹지 않으며 끓여도 파괴되지 않음 ② **중독증상**: 식후 30분~5시간 만에 발병하며 중독 증상이 단계적으로 진행되어 사망에 이른다, 진행속도가 빠르고 해독제가 없어 치사율이 높음(60%) ③ **예방대책**: 전문 조리사만이 요리하며 난소, 간, 내장부위는 섭취하지 않도록 함, 독이 가장 많은 산란 직전(5~6월)에는 주의함 **2) 조개류독** ① **베네루핀(Benerupin)**: 열에 안정한 간독소, 모시조개, 바지락, 굴, 고동 등 5~9월에 유독하며 50%의 치사율, 출혈반점, 간 기능 저하, 토혈, 혈변, 혼수의 증상 ② **삭시톡신(Saxitoxin)**: 열에 안정한 신경마비성 독소, 섭조개(홍합), 굴, 바지락 등 2~4월에 유독하며 10% 치사율, 혀, 입술에 마비, 호흡곤란의 증상 **3) 기타 어패류독** 열대나 아열대 해역에 사는 어패류는 신경계 마비를 증상으로 하는 독소류(Ciguatoxin, Ciguaterin)를 함유, Ciguatera 중독을 일으키기도 함	**1) 독버섯:** ① **독성분** 무스카린(Muscarine), 무스카리딘(Muscaridine), 팔린(Phaline), 아마니톡신(Amanitatoxin), 콜린(Choline), 뉴린(Nurine) 등 ② **특징** 색이 아름답고 선명하며 매운맛이나 쓴맛, 점성이 있고, 공기 중에서 변색되고 악취가 남 ③ **독버섯 감별법** 세로로 잘 찢어지지 않으며 은수저로 문지르면 은수저가 검게 변함 **2) 감자** ① **독성물질** 솔라닌으로 Cholinesterase의 작용을 억제하여 독작용을 나타냄 ② **중독증상** 식후 2~12시간 경과하면 구토, 설사, 복통, 두통, 발열(38~39℃), 팔, 다리 저림, 언어장애가 나타남 **3) 기타 식물성 자연독** ① **목화씨**: 고시폴(Gossypol) ② **청매**: 아미그달린(Amygdalin) ③ **대두**: 사포닌(Saponin) ④ **피마자**: 리신(Ricin) ⑤ **맥각**: 에르고톡신(Ergotoxin) ⑥ **독미나리**: 시큐톡신(Cicutoxin)

	곰팡이독
자연물 식중독	**1) 아플라톡신(Aflatoxin) 중독** 아스퍼질러스 플라버스(*Aspergillus Flavus*) 곰팡이가 탄수화물이 풍부한 곡류와 콩류에 침입하여 아플라톡신 독소를 생성, 수분 16% 이상, 습도 80% 이상, 온도 25~30℃인 환경일 때 잘 생산 **2) 황변미 중독** 페네실룸(*Penicillum*)속 푸른 곰팡이가 저장 중인 쌀에 번식하여 시트리닌(Citrinin-신장독), 시트레오비리딘(*Citreoviridin*-신경독), 아이슬랜디톡신(Islanditoxin-간장독)등의 독소를 생성 **3) 맥각중독** 맥각균(*Claviceps purpurea*)이 보리, 밀, 호밀 등에 기생하여 에르고 톡신, 에르고타민 등의 독소를 생성하여 인체에 간장독을 일으킴

(6) 경구감염병과 인수공통 감염병

1) 정의

병원미생물이 입, 호흡기, 피부 등을 통해 인체에 침입, 음식물이나 음료수, 손, 식기, 완구류 등을 매개체로 하여 입을 통하여 감염되는 감염병

	세균형 식중독	경구 감염병
발병원인	대량 증식된 균	미량의 병원체
발병경로	식중독균에 오염된 식품섭취	감염병균에 오염된 물, 식품의 섭취
2차 감염	살모넬라균, 장염비브리오균 식중독 외에는 2차 감염이 안됨	2차 감염이 됨
잠복기	짧음	비교적 김
면역	면역 안됨	면역됨

<table>
<tr><th></th><th>경구 감염병</th><th>인수공통 감염병</th></tr>
<tr><td>조건</td><td>병원소, 전파양식(음식물, 물),
숙주의 감수성(면역력)</td><td>사람과 동물이 같은 병원체에 의하여 발생하는
질병 또는 감염</td></tr>
<tr><td>병원체</td><td>1) 세균
세균성이질, 장티푸스, 파라티푸스, 콜레라, 성홍열, 디프테리아
2) 바이러스(Virus)
감염성 설사증, 유행성 간염, 급성 회백수염
3) 원생동물
아메바성 이질</td><td rowspan="2">1) 탄저(Anthrax)
탄저균(Bacillus anthracis), 소, 돼지, 양, 산양 등에서 발병, 피부상처를 통하여 감염, 4일 이내의 잠복 피부를 통해 감염, 악성 농포, 피부탄저, 폐탄저, 장탄저 등의 증상
2) 브루셀라증(=파상열)
브루셀라균군, 사람에게는 열성 질환, 소, 돼지, 양, 염소 등에 간염성 유산을 일으키는 질환, 14~30일 정도의 잠복기, 불규칙한 발열(파상열), 발한, 근육통, 불면, 관절통, 두통 등의 증상
3) 결핵(Tuberculosis)
Mycobacterium tuberculosis, 사람, 소, 조류에 감염되어 결핵을 일으킴, 소의 결핵균은 살균이 되지 않은 우유를 통하여 사람에게 쉽게 감염, 불분명한 잠복기—경부 림프선 결핵의 증상, 정기적인 투베르쿨린(Tuberculin) 검사를 실시하여 결핵 감염 여부를 조기에 발견하는 것과 오염된 식육과 우유의 식용을 금지하는 일이 중요, 저온살균에 의해 사멸되므로 우유의 살균을 철저히 함</td></tr>
<tr><td>감염병 종류</td><td>1) 장티푸스
장티푸스균(Salmonella typhi), 환자, 보균자와의 접촉, 음식물 파리 등의 매개물, 1~3주의 잠복기, 고열 보균자 격리, 위생관리 철저, 예방접종으로 예방
2) 콜레라
비브리오 콜레라(Vibrio Cholera), 환자의 배설물이 물을 오염시킴으로써 경구감염, 수시간~5일의 잠복기, 위장장애, 설사, 구토, 탈수, 체온 저하, 철저한 검역, 콜레라 발생지역의 출입 금지로 예방</td></tr>
</table>

감염병 종류		
감염병 종류	**3) 세균성 이질** 이질균(*Shigella*), 환자, 보균자의 분변이나 파리 등의 매개물, 2~7일의 잠복기, 잦은 설사, 발열, 복통, 권태감, 식전 손, 식기류의 소독철저, 음식물의 충분한 가열로 예방 **4) 급성 회백수염** 폴리오 바이러스(Polio virus), 바이러스가 입을 통하여 침입, 7~12일의 잠복기, 근육통, 피부지각 이상, 사지마비, 세이빈 백신으로 예방 **5) 기타 경구감염병** ① 파라티푸스 *Salmonella Paratyphi* A, B, C균, 5일 정도 잠복기, 장티푸스와 유사한 급성 감염병이지만 경증이며 경과기간도 짧은 증상 ② 유행성 간염 유행성 간염 바이러스, 바이러스가 환자의 대변, 인후분비물, 혈액, 체액 등으로 배출된 후, 음식물이나 수혈을 통하여 전파, 25일 정도 잠복기, 발열, 두통, 위장장애 등을 거쳐 황달이나 간경변증으로 발전, 물, 우유, 식품 등을 통하여 감염 ③ 성홍열 발적 독소를 생성하는 용혈성 연쇄상구균(*Streptococcus haemolyticus*), 4~7일 잠복기, 40℃ 내외의 발열, 비말감염과 인후분비물의 식품오염을 통해서 전파 ④ 디프테리아(Diphtheria) 코리네박테리움디프테리아(*Corynebacterium diphtheria*)가 후두의 점막에서 증식하여 염증을 일으키고 체외 독소를 분비하여 혈류를 통해 신체 각 부분에 질병 유발, 3~5일의 잠복기, 주로 환자의 코와 인후분비물, 기침 등을 통하여 전파	**4) 돈단독증** 돈단독균(*Erysipelothrix rhusiopathiae*), 돼지의 감염병, 돼지의 패혈증, 피부 상처를 통해서 감염, 10~20일의 잠복기, 병원균의 침입 부위가 빨갛게 붓고 발열과 임파절에 염증이 생기는 증상, 이환 동물의 조기 발견, 격리 치료 및 철저한 소독, 예방접종을 통한 예방법 **5) 야토병** *Francisella tularensis*에 의해 발병, 산토끼나 설치류 동물 사이에 유행하는 감염병, 감염된 산토끼나 동물에 기생하는 진드기, 벼룩, 이 등에 의해 사람에게 감염, 1~10일(보통 3~4일)의 잠복기, 두통, 오한, 전열, 발열의 증상 **6) 렙토스피라증(Leptospirosis=weil병):** 렙토스피라(*Leptospira*), 소, 개, 돼지, 쥐 등이 감염, 사람은 감염된 쥐의 오줌으로 오염된 물, 식품 등에 의해 경구적으로 감염, 5~7일 잠복기, 39~40℃ 정도의 고열과 오한, 두통, 근육통과 심장, 간, 신장장애 유발 등의 장상, 사균(死菌) 백신과 손,발의 소독 및 쥐의 구제의 예방법 **7) 비저** *Pseudomonas mallei*, 말, 당나귀, 노새, 산양, 고양이 등의 호흡기 및 소화기 궤양, 사람은 입, 피부 및 기도를 통하여 감염, 3~5일의 잠복기 **8) 리스테리아증(Listeriosis):** 리스테리아(*Listeria*)균, 가축류, 가금류, 사람에게 발병, 동물과 직접 접촉하거나 오염된 식육, 유제품 등을 섭취, 오염된 먼지를 흡입하여 감염, 3일~수주일의 잠복기, 뇌척수막염과 임산부의 자궁 내 패혈증, 태아 사망 유발 ※ 예방법: ① 병에 걸린 동물의 조기발견과 격리치료 및 예방접종, 가축의 고기, 뼈, 내장, 혈액의 식용을 삼가 ② 병에 걸린 동물의 사체와 배설물의 소독 철저(탄저병은 고압살균 또는 소각처리) ③ 우유의 살균처리(브루셀라증, 결핵, Q열의 예방) ④ 수입가축이나 고기, 유제품의 철저한 검역 및 감시

(7) 식품과 위생동물

위생동물	종류	식품과 문제되는 종	생태	피해	구제
쥐	2,000여종 (우리나라: 약 20여종)	지붕쥐(곰쥐), 생쥐, 시궁쥐 (집 쥐)	색맹이고 시각이 나쁘지만, 청각, 후각, 촉각은 매우 발달, 야행성, 행동반경이 좁고 일정한 통로와 정해진 서식처가 있음	식품이나 기물을 파괴, 농작물에 피해, 각종 감염병(렙토스피라증, 서교증, 페스트, 발진열)과 식중독(살모넬라), 기생충(선모충, 왜소조충, 일본주협흡충) 매개	살서제와 쥐덫, 쥐틀 등을 이용하여 박멸, 쥐의 둥지나 먹이 제거
파리	수천여종	쥐파리, 쉬파리, 검정파리, 금파리, 초파리, 벼룩파리	알 → 유충 → 번데기 → 성충, 오물, 퇴비, 분변, 하수구 등 불결한 곳에서 유충 발생	불쾌감, 불결감, 병원체 전파, 세균성, 소화기계 질환(이질, 장티푸스, 콜레라, 살모넬라증 등), 감염병(소아마비, 결핵, 한센병, 화농성 질환 등), 회충, 십이지장충, 요충, 편충 등의 기생충증 발병, 설사, 복통 구토 발열, 혈변 등을 초래	환경위생을 개선하여 파리의 발생원 제거, 살충제, 접촉제, 독살제 등을 사용
바퀴	약 4,000여종 (우리나라: 독일바퀴, 이질바퀴, 검정바퀴 등 9종	독일바퀴, 이질바퀴, 검정바퀴, 일반바퀴	알 → 유충 → 성충으로 발육, 잡식성, 야행성, 집단생활	혐오감, 피부병, 호흡기 질환, 바퀴의 분변으로 발암성 물질과 돌연변이성 물질 감염, 콜레라, 장티푸스, 이질, 결핵, 소아마비, 살모넬라증, 페스트 등의 병원체를 식품에 운반, 민촌충, 회충 등의 기생충 유충과 아스퍼질러스 나이거(Aspergillus Niger) 등의 곰팡이를 운반하여 감염	은신처 제거, 철저한 음식물 관리, 약제살포, 유인제, 서식처에 열탕수 분무

진드기	약 1만여종	–	온도 20℃ 이상, 습도 75% 이상, 식품 수분 13% 이상일 때 증식, 곡물, 곡분, 치즈, 분유, 과자 등의 저장 식품과 볏짚, 돗자리 등에서 발생	불쾌감, 식품을 손상, 변질, 병원균과 곰팡이를 식품에 전파	식품의 수분 함량을 10% 이하로 건조, 습도 60% 이하로 유지, 60℃에서 5분 정도 열처리, 냉장, 냉동보관으로 증식 억제, 살충제 등의 약제로 박멸

(8) 기생충과 예방

1) 기생충의 매개물에 의한 분류

① 채소를 매개로 감염되는 기생충: 회충, 구충, 요충, 편충, 동양모양선충 등

② 육류를 매개로 감염되는 기생충: 유구조충, 무구조충 등

③ 어패류를 매개로 감염되는 기생충: 폐디스토마(폐흡충), 간디스토마(간흡충)

2) 기생충증의 종류 및 증상 예방

기생충	특징 및 진단	감염	증상 및 예방
회충증	① 우리나라에서 가장 높은 감염률을 나타내는 기생충 ② 성인보다는 소아에게 많고 검변에 의한 충란의 검출로 진단 ③ 기생: 소장에서 정착, 감염 75일이면 성충이 되어 산란을 함	① 사람의 분변과 함께 나온 회충수정란이 발육하여 유충포장란이 됨 ② 오염된 채소, 불결한 손, 파리의 매개에 의한 음식물의 오염 등으로 경구침입 ③ 충란: 건조, 저온, 부패, 화학약제에 저항력이 강함(직사광선과 열에 약함)	① **증상**: 복통, 발열, 설사, 구토, 신경증세 및 빈뇨, 두드러기, 영양 손실로 식욕 감퇴 ② **예방**: 식품 열처리(70℃), 청정 채소 장려, 환경 개선 및 철저한 개인위생, 철저한 분변 관리, 정기적인 구충 실시
구충증	인체에 감염 후 4~5주면 성충이 되어 산란함	① 사람의 분변과 함께 나온 충란이 자연환경에서 부화하여 감염형의 피낭자충이 됨 ② 피낭자충으로 오염된 식품 또는 물을 섭취하거나, 피낭충이 피부를 뚫고 침입함으로써 감염(주로 음식물, 손 또는 발의 피부를 거쳐 침입하는 경피 감염)	① **증상**: 빈혈 및 소화기 장애, 침입부위에 소양감, 침입 초기에는 구토, 기침 ② **예방**: 경피 침입하므로 인분을 사용한 밭에서는 맨발로 작업을 하지 말아야 함

요충증	–	① 인분에 의한 경구적 감염(성숙한 충란이 불결한 손이나 음식물을 통하여 감염) ② 진단: 요충의 산란 부위인 항문과 회음부에서 면봉으로 채집	① **증상:** 항문 주위에 산란하므로 항문 소양감이 생겨 어린이에게는 수면 장애, 야뇨증, 체중 감소, 주의력 산만을 일으킴 ② **예방:** 집단적 구충의 실시와 침실의 청결, 내의와 손의 청결

3) 기생충의 중간숙주

	내용
정의	① 중간숙주의 정의 기생충의 생활사 중에서 애벌레 기간만을 보유하거나 무성 생식기를 보유하는 생물체로 유충이 다른 동물에서 성숙된 후 인체에 기생하는 과정 중에 기생하는 생물체 ② 기생충 중 중간숙주 유무 가. 중간숙주가 없는 기생충: 회충, 구충, 요충, 이질아메바, 톡소플라즈마 나. 중간숙주가 하나뿐인 기생충: 사상충–모기, 무구조충–소, 유구조충–돼지, 말라리아원충–사람, 선모충–돼지 다. 중간숙주가 둘인 기생충 간흡충(간디스토마)–쇠우렁이 → 민물고기 폐흡충(폐디스토마)–다슬기 → 게, 가재, 광절열두조충(긴촌충)–물벼룩 → 송어, 연어
흡충류의 중간숙주	① 간흡충(간디스토마) 제1중간숙주 → 쇠우렁이, 제2중간숙주 → 붕어, 잉어 등의 민물고기(근육 속에서 피낭유충으로 존재), 종말숙주 → 사람, 개, 고양이 등(담도에 기생) ② 폐흡충(폐디스토마) 제1중간숙주 → 다슬기, 제2중간숙주 → 게, 가재(내장, 아가미, 근육 등에 분포, 기생), 종말숙주 → 사람, 개, 고양이, 호랑이, 야수 등 ③ 요코가와흡충(횡천흡충) 제1중간숙주 → 다슬기 및 담수산 패류, 제2중간숙주 → 은어, 잉어 등의 담수어 → 피낭유충으로 존재 ④ 아니사키스충증 가. 해산 포유류인 고래, 돌고래에 기생하는 기생충 나. 제1중간숙주: 잔 새우류, 제2중간숙주: 사람, 오징어, 명태, 대구, 가다랑어 다. 해산 어류의 생식 금지, 유충은 70℃로 가열, –20℃로 냉각하면 5~6시간에 사멸하므로 조리법으로 예방
조충류의 중간숙주	① 광절열두조충(긴촌충) 제1중간숙주 → 물벼룩, 제2중간숙주 → 송어, 연어, 소장 상부에서 장벽에 부착하여 성장 ② 유구조충(갈고리촌충) 돼지고기를 생식하면 머리마디가 인체 내 소장에 고착, 발유 인체 내에서 생존 ③ 무구조충(민촌충) 소고기를 생식하면 감염되며 사람의 소장에서 어미벌레로 성장

(9) 살균 및 소독

1) 소독의 정의

병원 미생물의 생활을 파괴 또는 멸살시켜 병원균의 감염력과 증식력을 억제하는 것

2) 멸균

강한 살균력으로 미생물 기타 모든 균을 멸살하는 것

3) 방부

미생물의 성장을 억제하여 식품의 부패와 발효를 억제하는 것

4) 소독방법

<table>
<tr><th colspan="2">물리적 방법</th></tr>
<tr><th>열처리</th><th>무가열처리</th></tr>
<tr><td>① 건열멸균: 물체를 불꽃 속에서 20초 이상 접촉(금속류, 유리봉, 도자기류 등), 붕대, 토사물, 분비물 등은 소각
② 습열멸균
가. 자비소독법: 약 100℃의 끓는 물에서 15~20분간 자비(식기류, 행주, 의류)
나. 고압증기멸균법: 고압솥을 이용, 2기압 121℃에서 15~20분간 소독(아포를 포함한 모든 균 사멸, 고무제품, 초자 기구, 의류, 시약, 배지 등)
③ 저온살균법: 61~65℃에서 30분간 가열한 후 급랭(우유, 술, 주스 등)
④ 초고온순간살균법: 130~150℃에서 1초간 가열한 후 급랭(우유의 살균)
⑤ 고온장시간살균법: 95~120℃에서 0~60분간 가열(통조림)</td><td>① 자외선(2,500~2,800Å) 멸균법: 공기, 물, 식품, 기구, 용기, 무균실 등
가. 장점: 모든 균종에 효과, 살균효과가 크고 균에 내성이 생기지 않음
나. 단점: 살균효과가 표면에 한정, 지방류는 산패, 단백질이 많은 식품은 살균력이 떨어짐
② 일광소독: 장티푸스균, 결핵균, 페스트균은 단시간 내에 사멸함
③ 여과멸균법: 가열, 화학물질, 방사선을 이용할 수 없는 액체를 멸균할 때 사용하는 방법, 세균여과기를 사용함
④ 방사선 멸균법: 전자파, 자외선, 방사선 등을 조사하여 멸균하는 방법</td></tr>
</table>

5) 소독 대상물과 소독법

소독 대상물	화학적 방법	물리적 방법
음료수	표백분, 염소, 차아염소산나트륨	자비소독, 자외선소독
조리기구	역성비누, 차아염소산나트륨	자비소독, 증기소독, 일광소독

채소 및 과일	역성비누, 차아염소산나트륨, 표백분	–
수건, 식기	역성비누, 염소	자비소독, 증기소독, 일광소독
감염병 환자가 사용한 것	석탄산, 크레졸, 승홍, 포르말린수	일광소독, 증기소독, 소각법
변소 및 하수구	석탄산, 크레졸, 생석회	–
조리장 및 식품창고	역성비누, 차아염소산나트륨, 표백분, 오존	증기소독, 자외선소독
대소변, 배설물, 토사물	석탄산수, 크레졸수, 생석회 분말	소각법
의복, 침구류, 모직물	크레졸수, 석탄산수	일광소독, 증기소독, 자비소독
유리기구, 목죽제품, 도자기류	석탄산수, 크레졸수, 승홍수, 포르말린	–
병 실	석탄산수, 크레졸수, 포르말린수	–
환자 및 환자접촉자의 손	석탄산수, 크레졸수, 승홍수, 역성비누	–

화학적 방법(소독약품을 이용)	
구비조건	살균력이 강할 것, 사용이 간편하고 가격이 저렴할 것, 인축에 대한 독성이 적을 것, 소독 대상물에 부식성과 표백성이 없을 것, 용해성이 높으며 안전성이 있을 것
소독작용	농도가 짙을수록, 접촉시간이 길수록, 온도가 증가될수록 효과가 큼, 유기물이 있을 때는 효과가 감소됨, 같은 균이라도 균주에 따라 균의 감수성이 상이함
소독약품의 종류	① 석탄산(페놀) 가. 3% 수용액 사용, 석탄산계수를 소독약의 살균력을 평가하는 기준으로 이용 나. 소독: 기구, 용기, 의류 및 오물 다. 석탄산 계수=소독약의 희석배수/석탄산의 희석배수 라. 장점: 살균력이 안전하고 유기물의 존재시에도 소독력이 약화되지 않음 마. 단점: 피부점막의 자극성과 금속 부식성이 있으며 취기와 독성이 있음 ② 크레졸 가. 3% 수용액으로 석탄산에 비해 2배 정도 강한 소독력 나. 소독: 손, 오물 ③ 역성비누(양성비누) 가. 사용농도: 원액(10%)을 200~400배 희석하여 0.01~0.1%로 만들어 사용 나. 소독: 식품 및 식기, 조리자의 손(무색, 무취, 무자극성, 무독성) 다. 살균력이 강한 양성비누이므로 보통 비누와 동시에 사용하거나, 유기물이 존재하면 살균 효과가 떨어지므로 세제로 씻은 후 사용

소독약품의 종류	④ **알코올** 가. 70% 에탄올로 강한 살균력 나. 소독: 손, 피부, 기구 ⑤ **승홍** 가. 0.1% 수용액으로 금속부식성이 있고 강한 살균력 나. 소독: 피부 ⑥ **과산화수소**: 2.5~3.5% 수용액으로 구내염, 인두염, 입안 세척, 상처 소독 ⑦ **머큐로크롬**: 3% 수용액으로 피부상처, 점막 소독 ⑧ **생석회** : 공기에 노출되면 살균력이 떨어지며 주로 변소, 하수, 오물, 토사물 소독 ⑨ **염소** 가. 수돗물의 잔류 염소량: 0.2 ppm 나. 소독: 상수도, 수영장, 식기류 ⑩ **차아염소산나트륨**: 채소, 식기, 과일, 음료수 등 소독 ⑪ **포름알데히드**: 포르말린 1~1.5% 수용액으로 실내 소독 ⑫ **표백분**: 우물 소독에 사용 ⑬ **중성세제(합성세제)**: 세력이 강하여 세정에 의해 소독되지만 자체 살균력은 없음 ⑭ **약용비누** 가. 비누의 기제에 각종 살균제를 첨가하여 만든 것 나. 세척효과와 살균제에 의한 소독효과로 손, 피부 소독

(10) 식품첨가물

1) 식품첨가물의 정의

① **정의**: 식품의 조리, 가공 또는 제조 과정에서 식품의 상품적 가치의 향상, 식욕증진, 보존성, 영양 강화 및 위생적 가치를 향상시킬 목적으로 식품에 첨가되는 화학적 합성품을 말함

② **세계식량기구(FAO)와 세계보건기구(WHO)의 합동전문위원회의 정의**: 식품의 외관, 향미, 조직 또는 저장성을 향상시키기 위한 목적으로 소량으로 식품에 첨가되는 비영양물질을 말함

③ **미국의 국립과학학술원과 국립연구협의회 산하의 식품보호위원회의 정의**: 생산, 가공, 저장 또는 포장의 어떤 국면에서 식품 중에 첨가되는 기본적인 식량 이외의 물질 또는 물질들의 혼합물로서 여기에는 우발적인 오염물은 포함되지 않음

④ **우리나라 식품위생법의 정의(제2조)**: 식품의 제조, 가공 또는 보존하는 과정에서 식품에 넣거나 섞는 물질 또는 식품을 적시는 등에 사용되는 물질을 말함

2) 식품첨가물의 구비조건

① 사용방법이 간편하고 미량으로도 충분한 효과가 있어야함

② 독성이 적거나 없으며 인체에 유해한 영향을 미치지 않아함

③ 값이 저렴하며 물리적, 화학적 변화에 안정해야 함

3) 식품첨가물의 분류와 종류

① 공통 사항: 부패 방지 목적

보존료(방부제)	
정의 및 종류	• 식품 저장 중 미생물의 증식에 의해 일어나는 부패나 변질을 방지하기 위함 • 살균작용보다는 부패 미생물에 대하여 정균 작용 및 효소의 발효 억제 작용 • 부패 미생물의 증식 억제 효과가 커야함, 독성이 없거나 낮아야 함, 사용법이 간편하고 값이 싸야 함, 무미, 무취, 무자극성, 공기 빛, 열에 안정, pH에 의한 영향을 받지 않아야 함 • 종류: 디히드로 초산(DHA) 및 디히드로 초산나트륨(DHA-S), 소르브산 및 소르브산칼륨, 안식향산 및 안식향산나트륨, 파라옥시 안식향산에스테르, 프로피온산칼륨 및 프로피온산 나트륨, 파라옥시 안식향산부틸
살균제	
정의 및 종류	• 식품의 부패 미생물 및 감염병 등의 병원균을 사멸시키기 위해 사용되는 첨가물 • 부패 원인균 또는 병원균에 대한 살균 작용이 주가 되며 정균력도 있음 • 종류: 표백분($CaOCl_2$), 차아염소산나트륨(NaOCl), 과산화수소(H_2O_2), 이염화이소시아뉼산나트륨, 메틸렌 옥사이드
산화방지제	
정의 및 종류	• 유지의 산패 및 식품의 변색이나 퇴색을 방지하기 위해 사용하는 첨가물(항산화제) • 종류: BHT(디부틸 히드록시 톨루엔), 토코페롤(비타민 E), 아스코르빈산(비타민 C), 에리소르빈산(Erythorbic Acid), 에리소르빈산나트륨, BHA(부틸 히드록시 아니졸), 몰식자산(Gallic Acid)

② 공통 사항: 기호만족 및 증진

조미료(정미료)	
정의 및 종류	• 식품의 가공, 조리 시에 식품 본래의 맛을 한층 돋우거나 기호에 맞게 조절하여 맛과 풍미를 좋게 하기 위하여 첨가하는 것 • 맛의 종류에 따라 감미료, 산미료, 염미료, 신미료 등으로 구분 • 구연산나트륨, 사과산나트륨, 주석산나트륨, 호박산, 글리신산 등

산미료	
정의 및 종류	• 식품에 적합한 신맛을 부여하고 미각에 청량감과 상쾌한 자극을 주기 위하여 사용되는 첨가물 • 향미료, pH 조절을 위한 완충제, 산성에 의한 식품보존제, 항산화제나 갈변 방지에 있어서의 시너지스트(Synergist, 상승제), 제과·제빵에서의 점도 조절제 등의 목적으로 사용 • 구연산(청량음료, 치즈, 잼, 젤리), 빙초산(피클, 케첩, 사과시럽, 치즈, 케이크) 등
감미료	
정의 및 종류	• 식품에 단맛을 주고 식욕을 돋우기 위하여 사용되는 첨가물 • 인체에 해로운 것도 있어 사용기준이 정해져 있으며 설탕은 가장 널리 쓰이는 천연감미료 • 설탕 대용으로 당뇨병 환자나 비만인 사람에게 주로 이용 • 사카린나트륨, 글리실리친산나트륨, D-소르비톨, 아스파탐, 글리신 등 • 감미도: 설탕을 1로 했을 때 사카린 나트륨 500, 글리실리친산나트륨 200, D-소르비톨 0.7, 아스파탐이 180~200배 정도(감미의 질이 설탕보다 떨어짐)
착색료	
정의 및 종류	• 인공적으로 착색하여 천연색을 보완, 미화하며, 소비자의 기호성을 충족시켜 가치를 향상시키기 위한 첨가물 • 식품의 가공 공정에서 퇴색되는 색을 복원, 외관을 보기 좋게 하기 위하여 착색
착향료	
정의 및 종류	• 식품 자체 내의 냄새를 없애거나, 변화·강화하기 위해 사용되는 첨가물 • 휘발성으로 특유한 방향을 느끼게 함으로써 식욕을 증진할 목적으로 식품에 첨가되는 향료 • 천연 향료: 레몬오일, 오렌지 오일, 천연과즙 등 • 합성 향료: 지방산, 알코올 에스테르, 계피알데히드, 바닐린 등
발색제(색소 고정제)	
정의 및 종류	• 자체에는 색이 없으나 식품 중의 색소 단백질과 반응하여 식품 자체의 색을 고정(안정화)시키고, 선명하게 하거나 발색시키게 하는 물질 • 종류: 육제품 발색제, 식물성 식품의 발색제
표백제	
정의 및 종류	• 식품 본래의 색을 없애거나 퇴색, 변색 또는 잘못 착색된 식품에 대하여 화학 분해로 무색이나 백색으로 만들기 위하여 사용하는 첨가물 • 메타중아황산칼륨, 무수아황산, 아황산나트륨, 산성 아황산나트륨, 차아황산나트륨, 과산화수소 등

③ 공통 사항: 식품의 품질 개량 및 품질 유지

밀가루(소백분) 개량제	
정의 및 종류	• 제분된 밀가루의 표백과 숙성 기간을 단축시키고 제빵 효과의 저해 물질을 파괴시켜 분질(粉質)을 개량할 목적으로 첨가하는 것 • 과산화벤조일, 과황산암모늄, 브롬산칼륨, 이산화염소, 스테아릴젖산칼슘 등

품질 개량제(결착제)	
정의 및 종류	• 식품의 결착성을 높여서 씹을 때 식욕 향상, 변색 및 변질 방지, 맛의 조화, 풍미 향상, 조직의 개량 등을 위하여 사용하는 것 • 피로인산염, 폴리인산염, 메타인산염, 제1인산염, 제2인산염, 제3인산칼륨 등
호료(증점제)	
정의 및 종류	• 식품의 점착성 증가, 유화 안정성 개선, 가열이나 보존 중 선도 유지, 형체 보존 및 미각에 대해 점활성을 주어 촉감을 부드럽게 하기 위한 것 • 천연 호료: 우유의 카제인, 밀가루의 글루텐, 찹쌀의 아밀로펙틴 등
유화제	
정의 및 종류	• 서로 잘 혼합되지 않는 두 종류의 액체를 혼합할 때 분산된 액체가 재 응집하지 않도록 안정화시키는 역할을 하는 것 • 글리세린 지방산에스테르, 소르브산 지방산에스테르, 설탕 지방산에스테르, 플로필렌글리콜지방산에스테르, 대두레시틴(대두 인지질, 0.1~0.5% 이하) 등
이형제	
정의 및 종류	• 빵의 제조 과정 중에서 반죽이 분할기로부터 잘 분리되고, 구울 때 빵틀로부터 빵의 형태를 유지하면서 분리 되도록 하기 위해 사용되는 것으로 유동 파라핀만 허용
용제	
정의	• 각종 첨가물을 식품에 균일하게 혼합시키기 위하여 사용하는 것

④ 공통 사항 : 식품의 영양 강화(영양 강화제)

영양 강화제	
정의 및 종류	• 식품의 영양을 강화하는 데 사용되는 첨가물 • 비타민류와 필수 아미노산을 위주로 한 무기염류가 강화제로 첨가 • 종류: 구연산철, 구연산칼슘 등

⑤ 공통 사항: 식품의 제조 공정에 필요한 것

팽창제	
정의 및 종류	• 빵·과자 등을 만드는 과정에서 CO_3, NH_3 등의 가스로 맛과 소화를 증진시키는 이스트(효모)와 같은 천연품과 탄산염, 암모늄염 등의 화학적 합성품

소포제	
정의 및 종류	• 품질이나 작업에 지장을 주는 거품을 소멸 또는 억제시키기 위해 사용되는 첨가물로 규소 수지(Silicon Resin)만 허용됨
추출제	
정의 및 종류	• 천연 식물에서 특정한 성분을 용해, 추출하기 위해 사용되는 일종의 N-핵산만 허용되며 식용 유지를 제조할 때 유지를 추출하는 데 사용됨
껌 기초제	
정의 및 종류	• 화학적 합성품인 에스테르껌, 폴리부텐, 폴리이소부틸렌, 초산비닐수지 등의 합성수지가 사용됨
기타	
정의 및 종류	① 피막제: 과일이나 채소류의 선도를 오랫동안 유지하기 위해 표면에 피막을 만들어 호흡작용과 증산작용을 억제시키는 것 ② 여과 보조제 ③ 산제 ④ 중화제 ⑤ 흡착제 ⑥ pH 조정제 ⑦ 가수분해제

(11) 식품위생관리

1) 식중독 예방 및 발생 시 대책

① 예방

가. 식품 제조, 가공업자의 식중독에 관한 올바른 위생 지식의 향상과 식품의 위생적 관리, 식품위생법의 규정 엄수

나. 화농성 질환자, 감염병 감염자의 식품 취급 금지, 조리 종사자의 정기 건강진단 및 검진 실시

다. 구충, 구서 및 위생해충의 발생 방지, 위생적으로 취급할 것(세균의 식품 오염방지)

라. 유독·유해물질의 조리장 내 보관 금지(농약 등의 위생적 보관)

마. 식품의 냉장보관 및 가열해도 좋은 식품은 가열처리 후 섭식

② 식중독 발생 시의 대책

가. 환자의 구호에 최선을 다하고 식중독의 원인식품, 토사물, 분변 등의 자료를 토대로 원인을 찾아 사고의 확대(재발 방지)를 막음

나. 위장증상이나 식중독의 의심이 있으면 시장, 군수, 구청장에 신고함

다. 식중독 또는 식중독으로 의심되는 환자는 행정계통에 신속히 보고(의사 → 시장, 군수, 구청장 → 식품의약품안전처장 및 시, 도지사)

2) 식품의 오염대책

① 공장폐수

가. 공장폐수에 의한 하천오염은 배출허용기준에 맞게 처리한 후 방류함

나. 유기수은(Hg): 공장폐수 중에 함유된 유기수은 화합물에 의하여 오염된 어패류의 섭취로 '미나마타병'이 발생함, 손의 지각이상, 사지마비, 보행 곤란 등

다. 카드뮴(Cd): 광업소에서 배출된 폐수 중에 카드뮴이 농작물에 오염되어 사람에게 만성 축적되어 '이타이타이병'을 발생시킴

② 농약

농약(유기염소제, 유기인제 등)은 농작물 수확 전 일정 기간 이내에는 사용을 금지하여 잔류되지 않도록 방지하거나 수확물에 대한 농약 잔류량이 적합하도록 함

가. 유기염소제(DDT, BHC 등): 자연계에서 분해가 잘 되지 않아 토양에 잔류하였다가 인체의 지방조직에 축적되어 만성 중독을 일으킴

나. 유기인제: 다른 농약에 비해 뛰어난 살충효과는 있으나 독성이 강하여 급성 중독사고가 많이 발생하지만, 비교적 분해가 잘되므로 잔류기간이 짧아 현재 많이 사용함

③ 방사성 물질

방사성 물질은 그 발생원을 격리하거나 오염의 감시를 철저히 함

④ 합성 세제

합성 세제는 경성(ABS)인 것의 사용을 금지하고, 분해가 되기 쉬운 연성 세제(LAS)를 사용함

3) 식품안전관리인증기준(HACCP)

① **HACCP(해썹)의 개요**: 식품의 원재료 생산에서부터 제조, 가공, 보존, 유통단계를 거쳐 최종소비자가 섭취하기 전까지의 각 단계에서 발생할 우려가 있는 위해요소를 규명하고, 이를 중점적으로 관리하기 위한 중요관리점을 결정하여 자주적이며 체계적이고 효율적인 관리로 식품의 안전성(Safety)을 확보하기 위한 과학적인 위생관리체계

② **위해분석(Hazard analysis)**: 위해가능성이 있는 요소를 찾아 분석, 평가하는 것

③ **중요관리점(Critical control point)**: 해당 위해 요소를 방지, 제거하고 안전성을 확보하기 위하여 중점적으로 다루어야 할 관리점

4) HACCP제도의 7원칙

① **원칙1단계:** 위해요소 분석 실시(Hazards analysis) 및 예방책을 명확히 함

② **원칙2단계:** 중요관리점(critical control point, CCP)의 설정함

③ **원칙3단계:** 위해허용한도(critical limit, CL)의 설정함

④ **원칙4단계:** CCP를 모니터링 하는 방법을 수립하고 공정을 관리하기 위해 모니터링 결과를 이용하는 절차를 세움

⑤ **원칙5단계:** 모니터링 결과 설정된 CL에서 이탈되는 경우 시정조치 사항을 만듦

⑥ **원칙6단계:** HACCP이 제대로 이행되고 있다는 사실을 검증할 수 있는 절차를 수립함

⑦ **원칙7단계:** 기록의 유지관리체계 수립함

5) 제조물책임제(product liability, PL)

① 소비자 보호를 위해 제조업자에게 불량제품의 책임을 묻는 제도임

② 소비자 또는 제3자가 제조물의 결함으로 인해 생명, 신체, 재산에 피해를 입었을 경우 제조업자 또는 판매업자가 책임을 지고 손해를 배상하도록 하는 제도임

제2장

한식조리기능사 실기시험 준비

1. 응시자격

성별, 연령, 학력 등 응시자격에 제한이 없다. 조리에 대한 중급 정도의 숙련기능을 가지고 작업 관리 및 이에 관련되는 업무를 수행할 수 있는 능력의 유무를 파악한다.

2. 필기시험

1) 형식

객관식(사지 택일형)으로, 총 60분 동안 치러진다.

① 정시시험: 2012년부터 정시검정은 폐지되고 필기, 실기시험 모두 상시검정으로만 시행된다.

② 상시시험: 수시로 원서를 접수하여 수시로 시험을 본다. 일반적으로 CBT시험(컴퓨터로 시험)을 마친 후 시험결과를 확인 할 수 있다.

※ 시험일정 확인 및 인터넷 접수: http://t.q-net.or.kr/

2) 합격기준

필기시험과 실기시험은 100점 만점에 60점 이상 되어야 합격 할 수 있다. 1차 필기시험 합격자는 차후 2년까지 필기 면제자로 실기시험을 볼 수 있다.

3. 실기시험

1) 시험전날

① 전날은 준비물을 준비했는지 빠짐없이 체크한다.

번호	재료명	규격	단위	수량	비고
1	위생복	상의-백색 하의-긴바지(색상무관)	EA	1	※위생복 제대로 갖추지 않을 경우 감점처리
2	앞치마	백색(남, 여공용)	EA	1	-
3	위생모	백색	EA	1	-
4	칼	조리용	EA	1	-
5	프라이팬	소형	EA	1	시험장에도 준비되어 있음
6	냄비	조리용	EA	1	시험장에도 준비되어 있음
7	계량스푼	사이즈별	SET	1	-
8	계량컵	200 ㎖	EA	1	-
9	숟가락	스테인리스제	EA	1	-
10	젓가락	나무 또는 쇠	EA	1	-
11	가위	조리용	EA	1	-

12	공기	소	EA	1	–
13	국 대접	소	EA	1	–
14	랩, 호일	조리용	EA	1	–
15	김발	20 cm 정도	EA	1	–
16	밀대	소	EA	1	–
17	석쇠	조리용	EA	1	시험장에도 준비되어 있음
18	면보	30×30 cm 정도	EA	1	–
19	쇠조리 또는 채	조리용	EA	1	시험장에도 준비되어 있음
20	위생타월	면 또는 키친타월	EA	1	–
21	종이컵	일반종이컵	EA	1	–
22	비닐팩	위생비닐팩	EA	1	–

- 쓰던 조리용 칼은 갈아서 날을 세운 후 한 번 정도 사용하여 손에 익힌다.
- 새로 산 프라이팬은 불에 올려놓고 식용유을 얇게 한 번 먹여 시험장에서 바로 쓸 수 있도록 해 놓는다.
- 행주와 위생타월은 시험장에 가져가 시험이 시작되면 바로 사용할 수 있도록 잘 접어 놓는다.

② 책을 최종적으로 살펴보며 과제별 조리 순서를 마음속으로 그려본다.

2) 시험당일

① 일찍 일어나서 준비물들을 다시 한 번 확인하고 복장은 단정한 차림으로 준비한다.

- 손톱이 긴 경우 짧게 다듬고 매니큐어는 하지 않는다.
- 야한 옷, 반바지, 샌들, 장신구(시계, 반지, 귀걸이), 지나친 화장 등은 삼간다.
- 수험장에 늦게 도착하면 시험 입장이 불가하므로 수험장에는 반드시 30분 전에 도착하여 대기실에서 조리복을 갈아입고 신분증과 수험표를 꺼내 놓고 대기한다.

② 진행위원이 호명하면 수험표와 신분증을 보이고 수검번호를 부여받아 부착한다.

③ 먼저 감독관의 말을 잘 듣고 앞에 놓여진 재료와 시험지에 나와 있는 재료들과 비교하여 양이 부족하거나 형태가 잘못된 것은 손을 들고 교환을 요청한다. 남는 시간은 수검자 요구사항을 충분히 숙지하여 정해진 시간 내에 지정된 조리작품을 만들어 내도록 한다.

④ 시험장에 입장하면 준비한 준비물들을 조리대 위치에 사용하기 쉬운 위치에 진열한다.

예 도마 왼쪽에 행주를 접어서 놓고, 도마 오른쪽에는 행주 한 장을 깔고 계량컵, 조리용 칼, 계량스푼, 젓가락 등을 진열해 놓는다.

⑤ 시험 시작종과 함께 시험이 시작되면 가스레인지가 하나이므로 불 사용 계획을 세워

서 작업에 들어간다.

⑥ 작업 도중 너무 떨면 작품을 망칠 염려가 있으며, 손을 다칠 염려가 있으므로 안정을 유지하면서 작업을 진행한다.

※ 손을 다치더라도 소지한 일회용밴드로 지혈을 하고 시험에 응한다. 손을 베었다고 탈락되는것은 아니므로 끝까지 작품을 만들어 낸다.

⑦ 작업 도중 생기는 쓰레기는 지저분하게 개수대에 버리지 말고 준비해 간 비닐봉지를 이용하여 버린다.

⑧ 따뜻한 음식은 미리 만들어 놓지 말고 제출할 때를 맞추어 따뜻한 상태로 제출한다. 제출할 때는 바닥이 미끄러우니 조심해야 하며 다른 사람과의 충돌에도 조심해야 한다.

※ 소금에 절였던 음식이나 육회는 오래 두면 물이 나와 지저분해지므로 양념을 제출하기 직전에 맞추어 만들어 제출한다.

⑨ 작품을 제출한 후에는 본인이 사용한 조리대, 가스레인지, 양념통을 깨끗이 청소한다.

⑩ 시험 시간이 종료되면 검수대의 문이 닫히므로 작품을 제출할 수 없다. 따라서 시간 안배를 적절하게 해야 하며 시간 안에 작품이 완성되지 않아도 제출해야만 채점을 받을 수 있다.

4. 합격자 발표 및 자격증 교부

1) 합격자 발표기간: 공고일로부터 60일 이내
2) 합격자 발표방법: 인터넷 http://t.q-net.or.kr/
3) 자격증 교부에 필요한 준비물: 신분증, 수검표

5. 실기시험 채점 기준표

1) 공통채점

과목	세부항목	항목별 채점방법	배점
위생상태	위생복 착용 및 개인위생상태	위생복을 착용하고 개인위생상태가 좋으면 3점, 불량하면 0점	3
조리과정	조리순서 및 재료, 기구 등 취급상태	일반적인 전체 조리순서가 맞고 재료 및 기구 취급상태가 숙련되어 있으면 4점	4
		조리순서는 맞으나 재료 및 기구 취급상태의 숙련이 약간 미숙하면 2점	
		조리과정이 전반적으로 미숙하면 0점	

정리 정돈 상태	정리정돈 및 청소	지급된 기구류 등과 주위 청소 상태가 양호하면 3점	3
		불량하면 0점	

2) 조리 기술 및 작품평가

과목	세부항목	채점방법	배점
조리 기술	조리방법	조리기술의 숙련도에 따라	30점
작품 평가	작품의 맛, 색, 그릇에 담기	작품의 맛과 빛깔, 모양에 따라	15점

3) 계산방법

(실기시험 2가지×45점)+10점=100점 만점 중 60점 이상 합격

6. 실기시험 수험자 공통 유의사항

1) 조리작품 만드는 순서는 틀리지 않게 하여야 한다.
2) 숙련된 기능으로 맛을 내야하므로 조리 작업 시 음식의 맛을 보지 않는다.
3) 지정된 수험자지참준비물 이외의 조리 기구나 재료를 시험장내에 지참할 수 없다.
4) 지급재료는 시험 전 확인하여 이상이 있을 경우 시험위원으로부터 조치를 받고 시험 도중에는 재료의 교환 및 추가지급은 하지 않는다.
5) 다음과 같은 경우에는 채점대상에서 제외한다.
   가) 시험시간 내에 과제 두 가지를 제출하지 못한 경우
   나) 시험시간 내에 제출된 과제라도 다음과 같은 경우
      ① 문제의 요구사항대로 작품의 수량이 만들어지지 않은 경우: 미완성
      ② 해당과제의 지급재료 이외의 재료를 사용한 경우: 오작
      ③ 구이를 찜으로 조리하는 등과 같이 요리의 형태를 다르게 만든 경우
      ④ 불을 사용하여 만든 조리작품이 작품특성에 벗어나는 정도로 타거나 익지 않은 경우
      ⑤ 가스레인지 화구 2개 이상 사용한 경우: 실격

제3장

한식조리기능사 실기

너비아니구이

25분

요구사항

❶ 완성된 너비아니는 0.5 cm×4 cm×5 cm로 하시오.
❷ 석쇠를 사용하여 굽고, 6쪽 제출하시오.
❸ 잣가루를 고명으로 얹으시오.

유의사항

※ 수험자 공통 유의사항 p.109 참고

❶ 고기가 연하도록 손질한다.
❷ 구워진 정도와 모양과 색깔에 유의하여 굽는다.

지급재료

소고기 100 g, 진간장 50 mℓ, 대파 흰 부분 1토막, 마늘 깐 것 2쪽, 검은 후춧가루 2 g, 백설탕 10 g, 깨소금 5 g, 참기름 10 mℓ, 배 1/8개, 식용유 10 mℓ, 잣 5개, A4 용지 1장

양념장

간장 2 T, 설탕 1 T, 다진 파, 다진 마늘, 후추, 깨소금, 참기름, 배즙 1 T

만드는 방법

재료 확인 및 세척 ▶ 재료 썰기 ▶ 양념장 만들기 ▶ 고기 손질 후 양념에 재우기 ▶ 석쇠에 굽기 ▶ 담기

재료 썰기

01 파, 마늘은 다진다.

02 배는 강판에 갈아 면보에 짠다.

03 잣은 종이 또는 키친타월에 놓고 보슬보슬하게 곱게 다진다.

양념장 만들기

04 간장 2 T, 설탕 1 T, 다진 파, 다진 마늘, 후추, 깨소금, 참기름, 배즙 1 T을 섞어 양념장을 만든다.

고기 손질 후 양념에 재우기

05 소고기는 핏물을 제거하고 힘줄, 기름기를 제거 한 후 4 cm×5 cm×0.5 cm 크기로 6쪽을 만들어 칼집을 넣고 연육하여 양념장에 재운다.

석쇠에 굽기

06 석쇠를 식용유로 코팅하여 소고기를 올리고 약불로 타지 않게 굽는다.

07 그릇에 담고 잣가루 뿌려낸다.

①

②

③

④

더덕구이

30분

요구사항

❶ 더덕은 껍질을 벗겨 통이나 반으로 갈라 두드려 사용하시오.
❷ 유장으로 초벌구이를 하시오.
❸ 길이는 5 cm 정도로 하고, 고추장 양념을 하시오.(단, 주어진 더덕의 길이를 감안한다.)
❹ 석쇠에 구워 8개를 제출하시오.

유의사항

※ 수험자 공통 유의사항 p.109 참고

❶ 더덕이 부서지지 않도록 두드린다.
❷ 더덕이 타지 않도록 굽는데 유의한다.

지급재료

통더덕 5개, 진간장 10 ㎖, 대파 흰 부분 1토막, 마늘 깐 것 1쪽, 고추장 30 g, 백설탕 5 g, 깨소금 5 g, 참기름 10 ㎖, 소금 10 g, 식용유 10 ㎖

유장

참기름 1 T, 간장 1 t

고추장 양념장

고추장 1 T, 설탕 1/2 T, 다진 파, 다진 마늘, 깨소금, 참기름

만드는 방법

재료 확인 및 세척 ▶ 더덕 손질하기 ▶ 파, 마늘 다지기 ▶ 유장에 더덕 재우기 ▶ 고추장 양념 만들기 ▶ 석쇠에 굽기 ▶ 담기

더덕 손질하기

01 더덕을 깨끗이 씻어 껍질을 벗기고 5 cm 길이로 8토막 내어 밀대로 두드리거나 밀어서 소금물에 절인다.

파, 마늘 다지기

02 파, 마늘은 다진다.

유장에 더덕 재우기

03 참기름 1 T, 간장 1 t 을 섞어 유장을 만들어 더덕을 재운다.

고추장 양념 만들기

04 고추장 1 T, 설탕 1/2 T, 다진 파, 다진 마늘, 깨소금, 참기름을 섞어 양념장을 만든다.

석쇠에 굽기

05 석쇠를 식용유로 코팅하여 유장에 재운 더덕을 초벌구이 한다.

06 초벌구이 한 더덕에 고추장 양념을 발라 완전히 익힌다.

07 그릇에 더덕을 가지런하게 담아낸다.

①

②

③

④

북어구이

20분

요구사항

❶ 구워진 북어의 길이는 5 cm로 하시오.
❷ 유장으로 초벌구이를 하시오.
❸ 북어구이는 석쇠로 구워 3개를 제출하시오.
(북어의 양면을 반으로 자르지 않고, 원형 그대로 제출한다.)

유의사항

※ 수험자 공통 유의사항 p.109 참고

❶ 북어를 물에 불려 사용한다.(이때 부서지지 않도록 유의한다.)
❷ 북어가 타지 않도록 잘 굽는다.
❸ 고추장 양념장을 만들어 북어를 무쳐서 재운다.

지급재료

북어포 1마리, 진간장 20 ㎖, 대파 흰 부분 1토막, 마늘 깐 것 2쪽, 고추장 40 g, 백설탕 10 g, 깨소금 5 g, 참기름 15 ㎖, 검은 후춧가루 2 g, 식용유 10 ㎖

유장

참기름 1 T, 간장 1 t

고추장 양념장

고추장 2 T, 설탕 1 T, 다진 파, 다진 마늘, 후추, 깨소금, 참기름

만드는 방법

재료 확인 및 세척 ▶ 북어 손질하기 ▶ 파, 마늘 다지기 ▶ 유장에 북어 재우기 ▶ 고추장 양념 만들기 ▶ 석쇠에 굽기 ▶ 담기

북어 손질하기

01 북어는 흐르는 물에 적셔 불리고 머리, 꼬리, 뼈, 가시, 지느러미를 제거하여 5 cm 길이로 3토막 내어 껍질 쪽에 칼집을 넣는다.

파, 마늘 다지기

02 파, 마늘을 다진다.

유장에 북어 재우기

03 참기름 1 T, 간장 1 t을 섞어 유장을 만들어 북어를 재운다.

고추장 양념 만들기

04 고추장 2 T, 설탕 1 T, 다진 파, 다진 마늘, 후추, 깨소금, 참기름을 섞어 고추장 양념장을 만든다.

석쇠에 굽기

05 석쇠를 식용유로 코팅하여 유장에 재운 북어를 초벌구이 한다.

06 초벌구이 한 북어에 고추장 양념을 발라 완전히 익힌다.

07 그릇에 북어구이를 모양대로 담아낸다.

①

②

③

④

생선양념구이

30분

요구사항

❶ 생선은 머리와 꼬리를 포함하여 통째로 사용하고 내장은 아가미 쪽으로 제거하시오.
❷ 유장으로 초벌구이를 하시오.
❸ 고추장 양념을 하여 석쇠에 구워 제출하시오.

유의사항

※ 수험자 공통 유의사항 p.109 참고

❶ 석쇠를 사용하며 부서지지 않게 굽도록 유의한다.
❷ 생선을 담을 때는 방향을 고려해야 한다.

지급재료

조기 1마리, 진간장 20 ㎖, 대파 흰 부분 1토막, 마늘 깐 것 1쪽, 고추장 40 g, 백설탕 5 g, 깨소금 5 g, 참기름 5 ㎖, 소금 20 g, 검은 후춧가루 2 g, 식용유 10 ㎖

유장

참기름 1 T, 간장 1 t

고추장 양념장

고추장 1 T, 설탕 1/2 T, 다진 파, 다진 마늘, 후추, 깨소금, 참기름

만드는 방법

재료 확인 및 세척 ▶ 생선 손질하기 ▶ 파, 마늘 다지기 ▶ 유장에 조기 재우기 ▶ 고추장 양념 만들기 ▶ 석쇠에 굽기 ▶ 담기

생선 손질하기 01 생선은 비늘, 내장과 지느러미를 제거한 후 소금을 뿌린다.

파, 마늘 다지기 02 파, 마늘을 다진다.

유장에 조기 재우기 03 참기름 1 T, 간장 1 t을 섞어 유장을 만들어 조기에 바른다.

고추장 양념 만들기 04 고추장 1 T, 설탕 1/2 T, 다진 파, 다진 마늘, 후추, 깨소금, 참기름을 섞어 고추장 양념장을 만든다.

석쇠에 굽기 05 석쇠를 식용유로 코팅하여 유장에 재운 조기를 초벌구이 한다.

06 초벌구이 한 조기에 고추장 양념을 발라 완전히 익힌다.

07 그릇에 머리는 왼쪽, 꼬리는 오른쪽, 배가 앞쪽으로 가도록 담아낸다.

①

②

③

④

제육구이

30분

요구사항

❶ 완성된 제육은 0.4 cm×4 cm×5 cm 정도로 하시오.
❷ 고추장 양념으로 하여 석쇠에 구우시오.
❸ 제육구이는 전량 제출하시오.

유의사항

※ 수험자 공통 유의사항 p.109 참고

❶ 구워진 표면이 마르지 않도록 한다.
❷ 구워진 고기의 모양과 색깔에 유의하여 굽는다.

지급재료

돼지고기 150 g, 고추장 40 g, 진간장 10 ㎖, 대파 흰 부분 1토막, 마늘 깐 것 2쪽, 검은 후춧가루 2 g, 백설탕 15 g, 깨소금 5 g, 참기름 5 ㎖, 생강 10 g, 식용유 10 ㎖

양념장

고추장 2 T, 설탕 1 T, 간장 1 t, 다진 파, 다진 마늘, 다진 생강, 후추, 깨소금, 참기름

만드는 방법

재료 확인 및 세척 ▶ 파, 마늘, 생강 다지기 ▶ 양념장 만들기 ▶ 돼지고기 손질 후 양념에 재우기 ▶ 석쇠에 굽기 ▶ 담기

파, 마늘, 생강 다지기 01 파, 마늘, 생강을 다진다.

양념장 만들기 02 고추장 2 T, 설탕 1 T, 간장 1 t, 다진 파, 다진 마늘, 생강, 후추, 깨소금, 참기름을 섞어 양념장을 만든다.

돼지고기 손질 후 양념에 재우기 03 돼지고기는 핏물을 제거하고 힘줄과 기름기를 제거한 후 4 cm×5 cm×0.4 cm 크기로 잘라 칼집을 넣고 양념장에 재운다.

석쇠에 굽기 04 석쇠를 식용유로 코팅하여 돼지고기를 올리고 약불로 타지 않게 굽는다.

05 그릇에 보기 좋게 담아낸다.

①

②

③

④

보쌈김치 35분

요구사항

❶ 무 · 배추는 0.3 cm×3 cm×3 cm 나박 썰기, 배 · 밤은 편 썰기, 미나리 · 갓 · 파 · 낙지는 3 cm로 썰어 굴, 마늘채, 생강채와 함께 김치 속으로 사용하시오.
❷ 그릇 바닥을 배추로 덮은 후, 내용물을 담고 배춧잎의 끝을 바깥쪽으로 모양 있게 접어 넣어 내용물이 보이도록 하여 제출하시오.
❸ 석이버섯, 대추, 잣은 고명으로 얹으시오.
❹ 보쌈김치가 절반 정도 잠기도록 국물을 만들어 부으시오.

유의사항

※ 수험자 공통 유의사항 p.109 참고

❶ 내용물의 배합비율이 적절하게 되도록 하시오.
❷ 김치를 버무리는 순서와 양념의 분량에 유의하시오.

지급재료

절인 배추 1/6포기, 무 50 g, 밤 깐 것 1개, 배 1/10개, 실파 1뿌리, 마늘 깐 것 2개, 생강 5 g, 미나리 줄기 30 g, 갓 20 g, 대추 1개, 석이버섯 5 g, 잣 깐 것 5개, 생굴 20 g, 낙지다리 50 g, 고춧가루 20 g, 소금 5 g, 새우젓 20 g

김치 양념

고춧가루 1 T, 새우젓 1 T, 소금 약간, 물 약간

만드는 방법

재료 확인 및 세척 ▶ 재료 썰기 ▶ 양념 만들기 ▶ 김치 버무리기 ▶ 담기

재료 썰기

01 절인 배추의 잎은 보자기용으로 잘라두고 줄기는 3 cm×3 cm×0.3 cm로 잘라 소금물에 절인다.

02 무는 3 cm×3 cm×0.3 cm로 잘라 소금물에 절인다.

03 미나리, 갓, 실파는 3 cm로 썬다.

04 껍질을 제거한 밤은 편으로 썬다.

05 배는 3 cm×3 cm×0.3 cm로 썬다.

06 마늘, 생강은 채 썬다.

07 굴은 소금물에 해감 하여 깨끗하게 씻는다.

08 낙지다리는 소금으로 비벼 씻어 3 cm로 썬다.

09 석이버섯은 불려 채 썰고 대추는 돌려깎아 씨를 제거한 뒤 채 썰고 잣은 고깔을 제거한다.

양념 만들기

10 고춧가루 1 T, 새우젓 1 T, 소금 약간, 물 약간을 넣어 김치 양념을 만든다.

김치 버무리기

11 손질한 재료에 양념을 넣어 버무린다.

12 오목한 그릇에 절인 배춧잎을 깔고 버무린 김치를 담고 가장자리 배춧잎을 바깥쪽으로 말아 넣고 김치 국물을 붓는다.

13 석이버섯, 대추, 잣을 고명으로 올려 낸다.

①

②

③

④

오이소박이

20분

요구사항

❶ 소박이 완성품의 길이는 6 cm 정도로 하시오.(단, 지급된 재료의 크기에 따라 가감한다.)
❷ 소를 만들 때 부추의 길이는 0.5 cm로 하시오.
❸ 오이소박이는 3개 제출하시오.

유의사항

※ 수험자 공통 유의사항 p.109 참고

❶ 오이에 3~4 갈래로 칼집을 넣을 때 양쪽이 잘리지 않도록 한다.
(양쪽이 약 1 cm씩 남도록)
❷ 절여진 오이와 소의 간을 잘 맞춘다.
❸ 그릇에 묻은 양념을 이용하여 김칫국물을 만들어 소박이 위에 붓는다.

지급재료

오이 1개, 부추 20 g, 대파 흰 부분 1토막, 마늘 깐 것 1쪽, 생강 5 g, 소금 15 g, 고춧가루 10 g

소 양념

고춧가루 1 T, 소금, 다진 파, 다진 마늘, 다진 생강, 물

만드는 방법

재료 확인 및 세척 ▶ 재료 썰기 ▶ 소 만들기 ▶ 소 넣기 ▶ 담기

재료 썰기

01 오이는 소금으로 문질러 씻어 6 cm 길이로 3등분 하고 위아래 1 cm씩 남기고 칼집을 넣어 소금물에 절인다.

02 파, 마늘, 생강은 다지고 부추는 0.5 cm로 썬다.

소 만들기

03 부추, 고춧가루 1 T, 다진 파, 다진 마늘, 다진 생강, 소금, 물을 넣고 버무린다.

소 넣기

04 절인 오이의 칼집 사이로 소를 채우고 남은 소는 물을 약간 넣어 국물을 만든다.

05 그릇에 보기 좋게 담고 국물을 끼얹어 낸다.

①

②

③

④

국수장국 30분

요구사항

❶ 호박은 돌려깎기하여 0.3 cm×0.3 cm×5 cm, 황 · 백지단은 0.2 cm×0.2 cm×5 cm, 석이버섯은 채 썰어 고명으로 얹으시오.
❷ 소고기는 육수를 내고 삶은 고기는 0.2 cm×0.2 cm×5 cm로 고명으로 얹으시오.
❸ 국수에 1.5배 분량의 장국을 붓고 오색 고명을 얹어내시오.

유의사항

※ 수험자 공통 유의사항 p.109 참고

❶ 각 고명은 길이와 굵기가 일정하게 하고 색깔이 선명하게 나도록 준비한다.
❷ 국수가 불지 않도록 작업순서에 유의한다.

지급재료

소면 80 g, 소고기 50 g, 달걀 1개, 애호박 60 g, 석이버섯 5 g, 실고추 1 g, 식용유 5 mℓ, 참기름 5 mℓ, 소금 5 g, 진간장 10 mℓ, 대파 흰 부분 1토막, 마늘 깐 것 1쪽

만드는 방법

재료 확인 및 세척 ▶ 육수 끓이기 ▶ 재료 썰기 ▶ 황·백지단 부치기 ▶ 재료 볶기 ▶ 국수 삶기 ▶ 담기

육수 끓이기

01 냄비에 물 4C, 소고기, 대파, 마늘을 넣고 끓여 면보에 거르고 간장, 소금을 넣어 육수를 만든다.

재료 썰기

02 애호박은 돌려 깎은 후 0.3 cm×0.3 cm×5 cm로 채 썰어 소금에 절인 후 물기를 제거한다.

03 불린 석이버섯은 손질 후 채 썰어 소금, 참기름 양념 한다.

04 실고추는 2 cm로 썬다.

05 삶은 소고기는 0.2 cm×0.2 cm×5 cm로 채 썬다.

황·백지단 부치기

06 달걀은 황·백으로 분리하여 지단을 부쳐 0.2 cm×0.2 cm×5 cm로 채 썬다.

재료 볶기

07 팬에 식용유를 두르고 애호박, 석이버섯을 각각 볶는다.

국수 삶기

08 소금을 넣은 끓는 물에 소면을 넣고 물 1 C을 끓어오를 때마다 3번에 나누어 넣어 삶는다.

09 삶은 소면을 찬물에 헹궈 사리를 만들어 그릇에 담는다.

10 볶은 애호박, 소고기, 황·백지단, 석이버섯, 실고추를 올리고 육수를 담아낸다.

①

②

③

④

만둣국 45분

요구사항

❶ 만두피는 지름 8 cm의 둥근 모양으로 하여, 5개를 만드시오.
❷ 황 · 백지단과 미나리 초대 각 2개씩을 고명으로 사용하시오[완자(마름모꼴)모양].

유의사항

※ 수험자 공통 유의사항 p.109 참고

❶ 만두피는 일정한 크기로 얇게 밀도록 한다.
❷ 지급된 고기는 육수와 만두 속 재료로 사용한다.
❸ 끓일 때 터지지 않도록 유의하고 만두 속은 잘 익어야 한다.

지급재료

밀가루 중력분 60 g, 소고기 60 g, 두부 50 g, 숙주 30 g, 배추김치 40 g, 달걀 1개, 미나리 줄기 부분 20 g, 대파 흰 부분 1토막, 마늘 깐 것 2쪽, 소금 5 g, 검은 후춧가루 2 g, 식용유 5 mℓ, 깨소금 5 g, 참기름 10 mℓ, 국간장 5 mℓ, 이쑤시개 1개

만두소 양념

소금 약간, 다진 파, 다진 마늘, 후추, 깨소금, 참기름

만드는 방법

재료 확인 및 세척 ▶ 숙주 데치기 ▶ 육수 끓이기 ▶ 밀가루 반죽하기 ▶ 만두소 만들기 ▶ 황·백지단, 미나리초대 부치기 ▶ 만두 빚기 ▶ 만둣국 끓이기 ▶ 담기

숙주 데치기

01 머리와 꼬리를 뗀 숙주는 끓는 물에 소금을 약간 넣고 데쳐 물기를 제거하고 0.5 cm로 다진다.

육수 끓이기

02 냄비에 물 3 C과 기름기와 핏물을 제거한 소고기를 넣고 끓여 면보에 걸러 육수를 만든다.

밀가루 반죽하기

03 밀가루 2/3 C을 체에 내려 물, 소금을 넣어 반죽하고 숙성하여 밀대로 밀어 지름 8 cm 원형으로 5개 만든다.

만두소 만들기

04 파, 마늘, 소고기는 다지고, 두부는 물기를 제거하고 으깬다.

05 김치는 속을 털어내고 국물을 제거하여 0.5 cm로 다진다.

06 다진 숙주, 두부, 김치, 소고기에 소금, 다진 파, 다진 마늘, 후추, 깨소금, 참기름 양념을 하여 만두소를 만든다.

황·백지단, 미나리초대 부치기

07 달걀은 황·백으로 분리하여 지단을 부치고 미나리는 3등분해서 이쑤시개로 고정하여 밀가루, 달걀물을 묻혀 부쳐 마름모꼴로 2개씩 썬다.

만두 빚기

08 만두피에 속을 채워 만두를 빚는다.

만둣국 끓이기

09 냄비에 육수를 넣고 국간장, 소금으로 간을 한 후 만두를 넣고 익힌다.

10 그릇에 만둣국을 담고 황·백지단, 미나리 초대 고명을 얹어 낸다.

①

②

③

④

비빔국수

30분

요구사항

❶ 소고기, 표고버섯, 오이는 0.3 cm×0.3 cm×5 cm로 썰어 양념하여 볶으시오.
❷ 황 · 백지단은 0.2 cm×0.2 cm×5 cm로 썰어 고명으로 사용하시오.
❸ 실고추와 석이버섯은 채로 썰어 고명으로 준비하시오.

유의사항

※ 수험자 공통 유의사항 p.109 참고

❶ 국수는 불지 않도록 삶는다.
❷ 국수를 비빌 때 간장으로 간을 맞춘다.
❸ 고명을 색 맞추어 조화롭게 얹는다.

지급재료

소면 70 g, 소고기 30 g, 건표고버섯 1개, 석이버섯 5 g, 오이 1/4개, 달걀 1개, 실고추 1 g, 진간장 5 ㎖, 대파 흰 부분 1토막, 마늘 깐 것 2쪽, 깨소금 5 g, 소금 10 g, 참기름 5 ㎖, 검은 후춧가루 1 g, 백설탕 5 g, 식용유 20 ㎖

표고버섯, 소고기 양념
진간장 1 T, 설탕 1/2 T, 다진 파, 다진 마늘, 후추, 깨소금, 참기름

국수 양념
진간장 1 t, 설탕 1/2 t, 참기름 1 t

만드는 방법

재료 확인 및 세척 ▶ 재료 썰기 ▶ 황·백지단 부치기 ▶ 재료 볶기 ▶ 국수 삶기, 양념하기 ▶ 버무리기 ▶ 담기

재료 썰기

01 오이는 돌려 깎아 0.3 cm×0.3 cm×5 cm로 채 썰어 소금에 절여 물기를 제거한다.

02 파, 마늘은 다지고 실고추는 2 cm 길이로 썬다.

03 석이버섯은 불린 후 채 썰어 소금, 참기름 양념한다.

04 표고버섯은 기둥을 제거하고 포를 떠서 0.3 cm×0.3 cm×5 cm로 채 썰어 양념한다.

05 소고기는 핏물을 제거하고 0.3 cm×0.3 cm×4 cm로 채 썰어 양념한다.

황·백지단 부치기

06 달걀은 황·백으로 분리하여 소금을 약간씩 넣어 지단을 부쳐 0.2 cm×0.2 cm×5 cm로 채 썬다.

재료 볶기

07 식용유를 두른 팬에 오이, 표고버섯, 소고기, 석이버섯을 각각 볶아낸다.

국수 삶기, 양념하기

08 소금을 넣은 끓는 물에 소면을 넣고 물 1 C을 끓어오를 때마다 3번에 나누어 넣어 삶은 후 찬물에 헹궈 양념한다.

버무리기

09 양념한 국수와 볶은 재료를 넣고 버무려 그릇에 담고 황·백지단, 석이버섯, 실고추 고명을 올린다.

①

②

③

④

칼국수 30분

요구사항

❶ 국수의 굵기는 두께가 0.2 cm, 폭은 0.3 cm가 되도록 하시오.
❷ 애호박은 돌려깎기하고, 표고버섯은 채 썰어 볶아 실고추와 함께 고명으로 사용하시오.
❸ 국수와 국물의 비율은 1:2 정도가 되도록 하시오.

유의사항 ※ 수험자 공통 유의사항 p.109 참고

❶ 주어진 밀가루로 밀가루 반죽과 덧가루용으로 적절히 사용하고 밀가루 반죽 정도에 주의한다.
❷ 국수의 굵기와 두께가 일정하도록 한다.
❸ 멸치 다시를 내어 맑게 처리하고, 고명의 색에 유의한다.

지급재료

밀가루 중력분 100 g, 멸치 장국용 20 g, 애호박 60 g,
건표고버섯 1개, 실고추 1 g, 마늘 깐 것 1쪽, 대파 흰 부분 1토막,
식용유 10 ㎖, 소금 5 g, 진간장 5 ㎖, 참기름 5 ㎖, 백설탕 5 g

표고버섯 양념
간장 1 t, 설탕 1/2 t, 참기름 1/2 t

만드는 방법

재료 확인 및 세척 ▶ 육수 끓이기 ▶ 밀가루 반죽하기 ▶ 재료 썰기 ▶ 재료 볶기 ▶ 칼국수 삶기 ▶ 담기

육수 끓이기

01 냄비에 머리와 내장을 제거한 멸치를 볶다 물 3 C, 마늘, 대파를 넣고 육수를 끓여 면보를 체에 밭쳐 거른다.

밀가루 반죽하기

02 체에 친 밀가루 2/3 C에 물, 소금을 넣고 반죽하여 숙성 시킨 후 밀대로 0.2 cm 두께로 밀어 0.3 cm 폭으로 채 썬다.

재료 썰기

03 호박은 돌려 깎은 후 채 썰고 소금에 절여 물기를 제거한다.

04 표고버섯은 기둥을 제거하고 포 뜨기 하여 채 썰고 간장 1 t, 설탕 1/2 t, 참기름으로 양념한다.

05 실고추는 2 cm 길이로 썬다.

재료 볶기

06 팬에 식용유를 두르고 호박과 표고버섯을 각각 볶아낸다.

칼국수 삶기

07 냄비에 육수를 넣고 간장, 소금을 넣고 끓이다가 국수를 넣고 끓인다.

08 그릇에 칼국수와 국물을 1:2 비율로 담고 볶은 호박, 표고버섯, 실고추 고명을 얹어 낸다.

겨자채 35분

요구사항

❶ 채소, 편육, 황·백지단, 배는 0.3 cm×1 cm×4 cm로 써시오.(단, 지급된 재료의 크기에 따라 가감한다.)
❷ 밤은 모양대로 납작하게 써시오.
❸ 겨자를 개서 간을 맞춘 후 준비한 재료들을 무쳐서 담고, 잣은 고명으로 얹으시오.

유의사항

※ 수험자 공통 유의사항 p.109 참고

❶ 채소는 싱싱하게 아삭거릴 수 있도록 준비한다.
❷ 겨자는 매운 맛이 나도록 준비 한다.

지급재료

양배추 50 g, 오이 1/3개, 당근 50 g, 소고기 50 g, 밤 2개, 달걀 1개, 배 1/8개, 백설탕 20 g, 잣 깐 것 5개, 소금 5 g, 식초 10 ㎖, 진간장 5 ㎖, 겨자가루 6 g, 식용유 10 ㎖

겨자소스

발효겨자 1 T, 식초 1 T, 설탕 2 T, 소금, 간장

만드는 방법

재료 확인 및 세척 ▶ 겨자 발효하기 ▶ 편육 삶기 ▶ 재료 썰기 ▶ 황·백지단 부치기 ▶ 겨자소스 만들기 ▶ 버무리기 ▶ 담기

겨자 발효하기 01 겨자가루 1 T 와 미지근한 물 1 T을 섞어 겨자를 발효시킨다.

편육 삶기 02 끓는 물에 소고기를 넣고 삶아 식혀서 1 cm×4 cm×0.3 cm로 썬다.

재료 썰기 03 오이, 당근, 양배추는 1 cm×4 cm×0.3 cm로 썰어 찬물에 담근다.

04 배는 1 cm×4 cm×0.3 cm로 썰어 설탕물에 담근다.

05 밤은 껍질을 제거하고 편으로 썰어 설탕물에 담근다.

06 잣은 고깔을 제거한다.

황·백지단 부치기 07 달걀은 황·백으로 분리하여 소금을 약간씩 넣어 지단을 부쳐 1 cm×4 cm×0.3 cm로 썬다.

겨자소스 만들기 08 발효겨자 1 T, 식초 1 T, 설탕 2 T, 소금, 간장 약간을 섞어 겨자소스를 만든다.

버무리기 09 겨자소스에 물기를 제거한 채소와 편육, 황·백지단을 버무린다.

10 그릇에 채소가 골고루 보이도록 보기 좋게 담고 잣 고명을 올려낸다.

①

②

③

④

북어보푸라기

20분

요구사항

❶ 북어 보푸라기는 소금, 간장, 고춧가루로 양념하시오.(단, 고추기름은 사용하지 마시오.)
❷ 북어 보푸라기는 삼색의 구분이 뚜렷하게 하시오.

유의사항

※ 수험자 공통 유의사항 p.109 참고

❶ 보푸라기 상태는 일정하도록 한다.
❷ 완성품은 양념으로 인하여 질지 않도록 유의한다.

지급재료

북어포 1마리, 소금 5 g, 진간장 5 ㎖, 백설탕 10 g, 참기름 15 ㎖, 깨소금 5 g, 고운 고춧가루 10 g

만드는 방법

재료 확인 및 세척 ▶ 북어 손질하기, 강판에 갈기 ▶ 삼색으로 버무리기 ▶ 담기

북어 손질하기, 강판에 갈기

01 북어 머리, 뼈, 가시를 제거하고 강판에 보슬보슬하게 갈아낸다.

02 갈아낸 북어에 설탕, 깨소금, 참기름을 버무려 3등분한다.

삼색으로 버무리기

03 기본 양념한 북어를 3등분하여 첫 번째는 소금, 두 번째는 간장, 세번째는 고운 고춧가루와 소금을 넣고 보슬보슬하게 버무린다.

04 그릇에 보슬보슬하고 가지런히 담아낸다.

①

②

③

④

잡채 35분

요구사항

❶ 소고기, 양파, 오이, 당근, 도라지, 표고버섯은 0.3 cm×0.3 cm×6 cm로 써시오.
(단, 지급된 재료의 크기에 따라 가감한다.)

❷ 숙주는 데치고 목이버섯은 찢어서 사용하시오.

❸ 황 · 백지단은 0.2 cm×0.2 cm×4 cm로 썰어 고명으로 얹으시오.

유의사항

※ 수험자 공통 유의사항 p.109 참고

❶ 주어진 재료는 굵기와 길이가 일정하게 한다.

❷ 당면은 알맞게 삶아서 간한다.

❸ 모든 재료는 양과 색깔의 배합에 유의한다.

지급재료

당면 20 g, 소고기 30 g, 건표고버섯 1개, 건목이버섯 2개, 양파 50 g, 오이 1/3개, 당근 50 g, 통도라지 1개, 숙주 20 g, 백설탕 10 g, 대파 흰 부분 1토막, 마늘 깐 것 2쪽, 진간장 20 ㎖, 식용유 50 ㎖, 깨소금 5 g, 검은 후춧가루 1 g, 참기름 5 ㎖, 소금 15 g, 달걀 1개

목이버섯, 표고버섯, 소고기 양념장

간장 1 T, 설탕 1/2 T, 다진 파, 다진 마늘, 후추, 깨소금, 참기름

당면 양념장

간장 1 T, 설탕 1/2 T, 참기름 1 T

만드는 방법

재료 확인 및 세척 ▶ 숙주 데치기 ▶ 재료 썰기 ▶ 양념장 만들기 ▶ 당면 삶기 ▶ 황·백지단 부치기 ▶ 재료 볶기 ▶ 버무리기 ▶ 담기

숙주 데치기

01 머리와 꼬리를 뗀 숙주를 끓는 물에 소금을 약간 넣고 데쳐 소금, 참기름으로 양념한다.

재료 썰기

02 파, 마늘을 다진다.

03 오이는 돌려 깎은 후 0.3 cm×0.3 cm×6 cm로 채 썰어 소금에 절여 물기를 제거한다.

04 도라지는 껍질을 제거하고 소금물에 담가 쓴맛을 제거한 후 물기를 제거한다.

05 당근, 양파는 0.3 cm×0.3 cm×6 cm로 채 썬다.

06 목이버섯은 불려 물기를 제거하고 찢는다.

07 표고버섯은 기둥을 제거하고 0.3 cm×0.3 cm×6 cm로 채 썬다.

08 소고기는 핏물과 기름기를 제거하고 0.3 cm×0.3 cm×6 cm로 채 썬다.

양념장 만들기

09 간장 1 T, 설탕 1/2 T, 다진 파, 다진 마늘, 후추, 깨소금, 참기름을 섞어 양념장을 만든 후 목이버섯, 표고버섯, 소고기에 양념한다.

당면 삶기

10 당면은 미지근한 물에 불려 끓는 물에 삶은 후 간장, 설탕, 참기름에 버무린다.

황·백지단 부치기

11 달걀은 황·백으로 분리하여 소금을 약간씩 넣어 지단을 부쳐 0.2 cm×0.2 cm×4 cm로 채 썬다.

재료 볶기

12 팬에 식용유를 두르고 양파, 도라지, 오이, 당근, 당면, 목이·표고버섯, 소고기를 각각 볶아낸다.

버무리기

13 당면과 볶은 재료들을 고루 버무린다.

14 그릇에 색의 조화를 맞추어 가지런하게 담고 황·백지단 고명을 올려 담아낸다.

①

②

③

④

칠절판

40분

요구사항

❶ 밀전병은 직경 8 cm가 되도록 6개를 만드시오.

❷ 채소와 황 · 백지단, 소고기는 0.2 cm×0.2 cm×5 cm로 써시오.

❸ 석이버섯은 곱게 채를 써시오.

유의사항

※ 수험자 공통 유의사항 p.109 참고

❶ 밀전병의 반죽상태에 유의한다.

❷ 완성된 채소 색깔에 유의한다.

지급재료

소고기 50 g, 오이 1/2개, 당근 50 g, 달걀 1개, 석이버섯 5 g, 밀가루 중력분 50 g, 진간장 20 ㎖, 마늘 깐 것 2쪽, 대파 흰 부분 1토막, 검은 후춧가루 1 g, 참기름 10 ㎖, 백설탕 10 g, 깨소금 5 g, 식용유 30 ㎖, 소금 10 g

소고기 양념

간장 1/2 T, 설탕 1/4 T, 다진 파, 다진 마늘, 후추, 깨소금, 참기름

만드는 방법

재료 확인 및 세척 ▶ 재료 썰기 ▶ 밀전병 부치기 ▶ 황·백지단 부치기 ▶ 재료 볶기 ▶ 담기

재료 썰기

01 파, 마늘은 다진다.

02 오이는 돌려 깎아 0.2 cm×0.2 cm×5 cm로 채 썰고 소금에 절여 물기를 제거한다.

03 당근은 0.2 cm×0.2 cm×5 cm로 채 썬다.

04 석이버섯은 불려 채 썰고 소금, 참기름으로 양념한다.

05 소고기는 핏물, 기름기를 제거하고 0.2 cm×0.2 cm×5 cm로 채 썰어 간장 1/2 T, 설탕 1/4 T, 다진 파, 다진 마늘, 후추, 깨소금, 참기름으로 양념한다.

밀전병 부치기

06 밀가루 6 T, 물 6 T, 소금 약간을 섞어 체에 내려 식용유를 두른 팬에 직경 8 cm로 6개 부친다.

황·백지단 부치기

07 달걀은 황·백으로 분리하여 소금을 약간씩 넣어 지단을 부쳐 0.2 cm×0.2 cm×5 cm로 채 썬다.

재료 볶기

08 팬에 식용유를 두르고 오이, 당근, 소고기, 석이버섯 순으로 각각 볶아낸다.

09 그릇 중앙에 밀전병을 놓고 색의 조화를 맞추어 나머지 재료를 돌려 담아낸다.

탕평채

35분

요구사항

❶ 청포묵은 0.4 cm×0.4 cm×6 cm로 썰어 데쳐서 사용하시오.
❷ 모든 부재료의 길이는 4~5 cm로 써시오.(단, 지급된 재료의 크기에 따라 가감한다.)
❸ 소고기, 미나리, 숙주와 청포묵은 초간장으로 무쳐서 담으시오.
❹ 황 · 백지단은 4 cm 길이로 채 썰고, 김은 구워 부셔서 고명으로 얹으시오.

유의사항

※ 수험자 공통 유의사항 p.109 참고

❶ 숙주는 거두절미하고 미나리는 다듬어 데친다.

지급재료

청포묵 150 g, 소고기 20 g, 숙주 20 g, 미나리 줄기 10 g, 달걀 1개, 김 1/4장, 진간장 20 ㎖, 마늘 깐 것 2쪽, 대파 흰 부분 1토막, 검은 후춧가루 1 g, 참기름 5 ㎖, 백설탕 5 g, 깨소금 5 g, 식초 5 ㎖, 소금 5 g, 식용유 10 ㎖

소고기 양념

간장 1 t, 설탕 1/2 t, 다진 파, 다진 마늘, 후추, 깨소금, 참기름

초간장

식초 1 T, 간장 1 T, 설탕 1/2 T

만드는 방법

재료 확인 및 세척 ▶ 재료 썰기 ▶ 김 굽기 ▶ 황·백지단 부치기 ▶ 소고기 볶기 ▶ 초간장 만들기 ▶ 버무리기 ▶ 담기

재료 썰기

01 청포묵은 0.4 cm×0.4 cm×6 cm로 썰어 데치고 소금, 참기름으로 간 한다.

02 숙주는 머리와 꼬리를 떼고 데쳐 소금, 참기름으로 간 한다.

03 미나리는 4~5 cm로 썰어 데쳐 찬물에 헹군다.

04 파, 마늘은 다지고 소고기는 4~5 cm로 채 썰어 간장 1 t, 설탕 1/2 t, 다진 파, 다진 마늘, 후추, 깨소금, 참기름으로 양념한다.

김 굽기

05 김은 살짝 구워 부순다.

황·백지단 부치기

06 달걀은 황·백으로 분리하여 소금을 약간씩 넣어 지단을 부쳐 4 cm로 채 썬다.

소고기 볶기

07 양념한 소고기를 볶는다.

초간장 만들기

08 식초, 간장, 설탕을 섞어 초간장을 만든다.

버무리기

09 청포묵, 소고기, 숙주, 미나리를 초간장에 버무린다.

10 그릇에 담고 김과 황·백지단 고명을 얹어낸다.

①

②

③

④

비빔밥

50분

요구사항

❶ 채소, 소고기, 황·백지단의 크기는 0.3 cm×0.3 cm×5 cm로 써시오.
(단, 지급된 재료의 크기에 따라 가감한다.)

❷ 호박은 돌려깎기 하여 0.3 cm×0.3 cm×5 cm로 써시오.

❸ 청포묵의 크기는 0.5 cm×0.5 cm×5 cm로 써시오.

❹ 밥을 담은 위에 준비된 재료들을 색 맞추어 돌려 담으시오.

❺ 볶은 고추장은 완성된 밥 위에 얹어 내시오.

유의사항

※ 수험자 공통 유의사항 p.109 참고

❶ 밥은 질지 않게 짓는다.

❷ 지급된 소고기는 고추장 볶음과 고명으로 나누어 사용한다.

지급재료

불린 쌀 150 g, 애호박 60 g, 도라지 20 g, 고사리 30 g, 청포묵 40g, 소고기 30 g, 달걀 1개, 건다시마 1장, 고추장 40 g, 식용유 30 ㎖, 대파 흰 부분 1토막, 마늘 깐 것 2쪽, 진간장 15 ㎖, 백설탕 15 g, 깨소금 5 g, 검은 후춧가루 1 g, 참기름 5 ㎖, 소금 10 g

소고기, 고사리양념

간장 1 T, 설탕 1/2 T, 다진 파, 다진 마늘, 후추, 깨소금, 참기름

만드는 방법

재료 확인 및 세척 ▶ 밥 짓기 ▶ 청포묵 데치기 ▶ 재료 썰기 ▶ 황·백지단 부치기 ▶ 다시마튀각, 재료 볶기 ▶ 약고추장 만들기 ▶ 담기

밥 짓기

01 냄비에 불린 쌀과 물을 넣고 뚜껑을 덮고 중불에 10분가량 끓이다 약불에서 1분간 뜸을 들인다.(쌀이 완전히 익도록 한다.)

청포묵 데치기

02 청포묵은 0.5 cm×0.5 cm×5 cm로 썰어 데친 후 물기를 제거하고 소금, 참기름으로 양념한다.

재료 썰기

03 도라지는 껍질을 제거하고 애호박은 돌려 깎아 0.3cm×0.3cm×5cm로 썰고 소금물에 절여 물기를 제거한다.

04 고사리는 5 cm 길이로 썰어 양념하고, 소고기는 2/3는 채 썰어 양념하고 나머지 1/3은 다진다.

황·백지단 부치기

05 달걀은 황·백으로 분리하여 지단을 부쳐 0.3 cm×0.3 cm×5 cm로 채 썬다.

다시마튀각, 재료 볶기

06 팬에 식용유를 두르고 도라지, 애호박, 고사리, 채 썬 소고기 순으로 볶아내고 다시마를 튀겨 키친타월에 놓고 잘게 부순다.

약고추장 만들기

07 팬에 식용유를 두르고 다진 소고기를 볶다 고추장 1 T, 설탕1/2 T, 물 1 T을 넣고 볶는다.

08 그릇에 밥을 담고 볶은 재료들을 돌려 담고 중앙에 다시마, 약고추장을 담는다. 이때 가장자리 밥이 1 cm 보이도록 한다.

①

②

③

④

장국죽 30분

요구사항

❶ 불린 쌀을 반 정도로 싸라기를 만들어 죽을 쑤시오.

❷ 소고기는 다지고 불린 표고는 3 cm 정도의 길이로 채 써시오.(단, 지급된 재료의 크기에 따라 가감한다.)

유의사항

※ 수험자 공통 유의사항 p.109 참고

❶ 쌀과 국물이 잘 어우러지도록 쑨다.

❷ 간을 맞추는 시기에 유의한다.

지급재료

쌀 100 g, 소고기 20 g, 건표고버섯 1개, 대파 흰 부분 1토막, 마늘 깐 것 1쪽, 진간장 10 mℓ, 깨소금 5 g, 검은 후춧가루 1 g, 참기름 10 mℓ, 국간장 10 mℓ

표고버섯, 소고기 양념
간장 1 T, 다진 파, 다진 마늘, 후추, 깨소금, 참기름

만드는 방법

재료 확인 및 세척 ▶ 쌀 불리기 및 씻기 ▶ 쌀 으깨기 ▶ 재료 썰기 ▶ 양념장 만들기 ▶ 죽 끓이기 ▶ 담기

쌀 불리기 및 씻기
01 쌀을 불려 물기를 뺀다. 덜 불려 졌을 경우 미지근한 물로 빨리 불린다.

쌀 으깨기
02 물기를 뺀 쌀을 도마에 놓고 밀대를 이용하여 1/2 정도의 싸라기로 으깨거나 칼로 다진다.

재료 썰기
03 파, 마늘은 다진다.
04 표고버섯은 기둥을 제거하고 포를 떠 3 cm 길이로 채 썬다.
05 소고기는 핏물을 제거하고 다진다.

양념장 만들기
06 간장 1 T, 다진 파, 다진 마늘, 후추, 깨소금, 참기름을 섞어 양념장을 만든 후 표고버섯, 소고기에 양념을 한다.

죽 끓이기
07 냄비에 참기름을 두르고 소고기, 표고버섯을 넣고 볶다 쌀을 넣고 투명해지면 물(쌀의 6배)을 넣고 끓여 농도를 조절하고 국간장으로 간을 한다.
08 그릇에 죽을 보기 좋게 담아낸다.

①

②

③

④

콩나물밥

30분

요구사항

❶ 콩나물은 꼬리를 다듬고 소고기는 채 썰어 간장양념을 하시오.
❷ 쌀과 함께 밥을 지어 전량 제출하시오.

유의사항

※ 수험자 공통 유의사항 p.109 참고

❶ 콩나물 손질시 폐기량이 많지 않도록 한다.
❷ 소고기는 굵기와 크기에 유의한다.
❸ 밥물 및 불조절과 완성된 밥의 상태에 유의한다.

지급재료

쌀 150 g, 콩나물 60 g, 소고기 30 g, 대파 흰 부분 1/2토막,
마늘 깐 것 1쪽, 진간장 5 ㎖, 참기름 5 ㎖

소고기 양념
간장 1/2 t, 다진 파 · 마늘, 참기름

만드는 방법

재료 확인 및 세척 ▶ 쌀 불리기 및 씻기 ▶ 콩나물 다듬기 ▶ 재료 썰기 ▶ 양념장 만들기 ▶ 콩나물밥 짓기 ▶ 담기

쌀 불리기 및 씻기 01 쌀을 불려 물기를 뺀다. 덜 불려 졌을 경우 미지근한 물로 빨리 불린다.

콩나물 다듬기 02 콩나물은 꼬리를 제거하고 씻는다.

재료 썰기 03 파, 마늘을 다지고, 소고기는 채 썬다.

양념장 만들기 04 간장 1/2t, 다진 파 · 마늘, 참기름을 넣고 양념장을 만든 후 소고기에 양념한다.

콩나물밥 짓기 05 냄비에 콩나물, 불린 쌀, 물, 소고기를 넣고 뚜껑을 덮고 중불로 10분 정도 끓인 후 약불로 1분 정도 뜸을 들인다.

06 밥이 완성되면 잘 섞어 콩나물, 소고기가 알맞게 보이도록 담아낸다.

①

②

③

④

더덕생채

20분

요구사항

❶ 더덕은 5 cm로 썰어 두들겨 편 후 찢으시오.
❷ 양념은 고춧가루로 양념하고, 전량 제출하시오.

유의사항

※ 수험자 공통 유의사항 p.109 참고

❶ 더덕을 두드릴 때 부스러지지 않도록 한다.
❷ 무치기 전에 쓴맛을 빼도록 한다.
❸ 무쳐진 상태가 깨끗하고 빛이 고와야 한다.

지급재료

통더덕 3개, 마늘 깐 것 1쪽, 백설탕 5 g, 식초 5 ㎖,
대파 흰 부분 1토막, 소금 5 g, 깨소금 5 g, 고춧가루 20 g

양념장

고운 고춧가루 1 T, 식초 1/2 T, 설탕 1/2 T, 소금, 다진 파,
다진 마늘, 깨소금

만드는 방법

재료 확인 및 세척 ▶ 더덕 손질하기 ▶ 파, 마늘 다지기 ▶ 양념장 만들기 ▶ 더덕 찢기 ▶ 버무리기 ▶ 담기

더덕 손질하기

01 더덕은 깨끗이 씻어 껍질을 벗기고 5 cm 길이로 잘라 밀대로 두드려 소금물에 담가 쓴맛을 제거한 후 물기를 제거한다.

파, 마늘 다지기

02 파, 마늘을 다진다.

양념장 만들기

03 고운 고춧가루 1 T, 식초 1/2 T, 설탕 1/2 T, 소금, 다진 파, 다진 마늘, 깨소금을 섞어 양념장을 만든다.

더덕 찢기

04 더덕을 가늘고 길게 찢는다.

버무리기

05 더덕에 양념장을 뭉치지 않게 고루 버무린다.

06 그릇에 가지런하게 담아낸다.

①

②

③

④

도라지생채 15분

요구사항

❶ 도라지는 0.3 cm×0.3 cm×6 cm로 써시오.
❷ 생채는 고추장과 고춧가루 양념으로 무쳐 제출하시오.

유의사항 ※ 수험자 공통 유의사항 p.109 참고

❶ 도라지는 굵기와 길이를 일정하게 하도록 한다.
❷ 양념이 거칠지 않고 색이 고와야 한다.

지급재료

통도라지 3개, 소금 5 g, 고추장 20 g, 백설탕 10 g, 식초 15 ㎖, 대파 흰 부분 1토막, 마늘 깐 것 1쪽, 깨소금 5 g, 고춧가루 10 g

양념장

고추장 1 T, 고운 고춧가루 1/2 T, 소금, 다진 파, 다진 마늘, 식초 1/2 T, 설탕 1/2 T, 깨소금

만드는 방법

재료 확인 및 세척 ▶ 도라지 손질하기 ▶ 파, 마늘 다지기 ▶ 양념장 만들기 ▶ 버무리기 ▶ 담기

도라지 손질하기

01 도라지를 깨끗이 씻어 껍질을 벗기고 0.3 cm×0.3 cm×6 cm로 잘라 소금물에 절인다.

파, 마늘 다지기

02 파, 마늘은 다진다.

양념장 만들기

03 고추장 1 T, 고운 고춧가루 1/2 T, 소금, 다진 파, 다진 마늘, 식초 1/2 T, 설탕 1/2 T, 깨소금을 섞어 양념장을 만든다.

버무리기

04 쓴맛을 제거한 도라지의 물기를 제거하고 양념장에 버무린다.

05 그릇에 물기가 생기지 않도록 담아낸다.

①

②

③

④

무생채

15분

요구사항

❶ 무는 0.2 cm×0.2 cm×6 cm로 써시오.
❷ 생채는 고춧가루를 사용하시오.
❸ 무생채는 70 g 이상 제출하시오.

유의사항 ※ 수험자 공통 유의사항 p.109 참고

❶ 무채는 길이와 굵기를 일정하게 썰고 무채의 색에 유의한다.
❷ 무쳐 놓은 생채는 싱싱하고 깨끗하게 한다.
❸ 식초와 설탕의 간을 맞추는데 유의한다.

지급재료

무 100 g, 소금 5 g, 고춧가루 10 g, 백설탕 10 g, 식초 5 mℓ, 대파 흰 부분 1토막, 마늘 깐 것 1쪽, 깨소금 5 g, 생강 5 g

양념장
고운 고춧가루 1 T, 소금 1/3 t, 식초·설탕 1 T, 다진 파, 다진 마늘, 생강즙, 깨소금

만드는 방법

재료 확인 및 세척 ▶ 재료 썰기 ▶ 양념장 만들기 ▶ 버무리기 ▶ 담기

재료 썰기

01 무는 0.2 cm×0.2 cm×6 cm로 썰어 고운 고춧가루로 물을 들인다.

02 파, 마늘은 다지고 생강은 강판에 갈아 면보에 걸러 즙을 만든다.

양념장 만들기

03 고운 고춧가루 1 T, 소금 1/3 t, 식초·설탕 1 T, 다진 파, 다진 마늘, 생강즙, 깨소금을 섞어 양념장을 만든다.

버무리기

04 제출 직전에 무에 양념을 조금씩 넣어가며 고루 버무린다.

05 그릇에 물기가 생기지 않도록 담아낸다.

①

②

③

④

어선 50분

요구사항

❶ 생선살은 어슷하게 포를 떠서 사용하시오.
❷ 오이는 돌려 깎기, 당근 · 표고버섯은 채썰기, 달걀은 황 · 백지단채로 사용하시오.
❸ 어선은 지름 3 cm, 두께 2 cm로 6개를 제출하시오.

유의사항

※ 수험자 공통 유의사항 p.109 참고

❶ 속재료가 중앙에 위치하도록 하고, 생선살이 터지지 않게 만다.
❷ 속재료(소)용 채소는 볶아서 사용한다.
❸ 녹말가루를 적절하게 사용하고 생선과 녹말가루는 잘 익고, 속재료(소)들의 색깔은 선명하도록 찌는데 유의한다.
❹ 완성된 모양이 잘 유지되도록 자르는데 유의한다.

지급재료

동태 1마리, 달걀 1개, 당근 50 g, 건표고버섯 2개, 오이 1/3개,
백설탕 15 g, 생강 10 g, 소금 10 g, 흰 후춧가루 2 g,
녹말가루 30 g, 진간장 20 ㎖, 참기름 5 ㎖, 식용유 30 ㎖

만드는 방법

재료 확인 및 세척 ▶ 재료 썰기 ▶ 생선 손질하기 ▶ 황·백지단 부치기 ▶ 재료 볶기 ▶ 어선 만들기 ▶ 찌기 ▶ 식은 후 자르기 ▶ 담기

재료 썰기

01 오이는 돌려 깎아 채 썰고 소금에 절여 물기를 제거한다.

02 당근은 채 썬다.

03 표고버섯은 기둥을 제거하고 채 썰어 간장, 설탕, 참기름 양념한다.

생선 손질하기

04 동태를 해동하여 비늘, 머리, 내장, 지느러미를 제거하고 세장 뜨기 하여 껍질을 제거하고 어슷하게 포를 떠 소금, 흰 후추, 생강즙을 뿌린다.

황·백지단 부치기

05 달걀은 황·백으로 분리하여 소금을 약간씩 넣어 지단을 부쳐 채 썬다.

재료 볶기

06 팬에 식용유를 두르고 오이, 당근, 표고버섯을 각각 볶아낸다.

어선 만들기

07 김발 위에 젖은 면보를 깔고 생선살을 펴 올리고 녹말가루를 뿌리고 오이, 당근, 표고, 황·백지단을 올려 지름이 3 cm가 되도록 말아준다.

찌기

08 김 오른 찜통에 10~15분 찐다.

식은 후 자르기

09 식은 후 두께 2 cm로 6개 잘라 담아낸다.

①

②

③

④

오이선 25분

요구사항

❶ 오이를 길이로 1/2등분한 후, 4 cm 간격으로 어슷하게 썰어 4개를 만드시오(반원모양).

❷ 일정한 간격으로 3군데 칼집을 넣고 부재료를 일정량씩 색을 맞춰 끼우시오.
(단, 달걀은 황 · 백으로 분리하여 사용하시오.)

❸ 촛물을 오이선에 끼얹어 내시오.

유의사항 ※ 수험자 공통 유의사항 p.109 참고

❶ 오이를 볶을 때는 고유의 색이 변하지 않게 주의한다.

❷ 어슷하게 칼집 넣은 부분이 떨어지지 않게 한다.

❸ 촛물 배합에 주의 한다.

지급재료

오이 1/2개, 소고기 20 g, 건표고버섯 1개, 달걀 1개, 참기름 5 ㎖, 검은 후춧가루 1 g, 소금 20 g, 백설탕 5 g, 식용유 15 ㎖, 깨소금 5 g, 식초 10 ㎖, 대파 흰 부분 1토막, 마늘 깐 것 1쪽

표고버섯, 소고기 양념

간장 1/2 T, 설탕 1/4 T, 다진 파, 다진 마늘, 후추, 깨소금, 참기름

촛물

식초 1 T, 설탕 1 T, 소금, 물

만드는 방법

재료 확인 및 세척 ▶ 재료 썰기 ▶ 양념장 만들기 ▶ 황·백지단 부치기 ▶ 재료 볶기 ▶ 속 채우기 ▶ 촛물 만들기 ▶ 담기

재료 썰기

01 오이는 소금으로 비벼 씻고 세로로 1/2등분하여 4 cm 길이로 어슷하게 4개를 썰고 3번의 칼집을 내어 소금물에 절여 물기를 제거한다.

02 파, 마늘은 다진다.

03 표고버섯은 기둥을 제거하고 2~3 cm로 채 썰어 양념한다.

04 소고기는 핏물을 제거하고 2~3 cm로 채 썰어 양념한다.

양념장 만들기

05 간장 1/2 T, 설탕 1/4 T, 다진 파, 다진 마늘, 후추, 깨소금, 참기름을 섞어 양념장을 만든 후 표고버섯, 소고기에 양념한다.

황·백지단 부치기

06 달걀은 황·백으로 분리하여 소금을 약간씩 넣어 지단을 부쳐 2~3 cm로 채 썬다.

재료 볶기

07 팬에 식용유를 두르고 오이, 표고버섯, 소고기를 각각 볶아낸다.

속 채우기

08 오이 칼집 사이에 황지단-표고버섯과 소고기-백지단을 삼색으로 끼워 넣는다.

촛물 만들기

09 식초 1 T, 설탕 1 T, 소금, 물을 섞어 촛물을 만든다.

10 그릇에 오이선을 놓고 촛물을 끼얹어 낸다.

①

②

③

④

선류

호박선

35분

요구사항

❶ 애호박은 길이로 반을 갈라서 4 cm 길이로 어슷썰기를 한 후 3번 칼집을 넣으시오.
❷ 황 · 백지단은 0.1 cm×0.1 cm×2 cm로, 실고추는 2 cm로, 잣은 반으로 쪼개어(비늘잣) 석이버섯과 함께 고명으로 얹으시오.
❸ 호박선은 2개를 겨자장과 함께 제출하시오.
※ 호박을 열십(十)자로 칼집을 내어 제출하는 경우는 오작으로 처리

유의사항

※ 수험자 공통 유의사항 p.109 참고

❶ 호박은 소금물에 살짝 절여서 쓰고, 호박의 껍질색을 살려 익힌다.
❷ 소고기, 표고버섯, 당근은 채 썰어서 양념한다.

지급재료

애호박 150 g, 소고기 20 g, 진간장 10 ㎖, 대파 흰부분 1토막, 마늘 깐 것 1쪽, 건표고버섯 1개, 검은 후춧가루 1 g, 깨소금 5 g, 참기름 5 ㎖, 당근 50 g, 달걀 1개, 석이버섯 5 g, 실고추 1 g, 잣 깐 것 3개, 소금 10 g, 겨자가루 5 g, 식초 5 ㎖, 백설탕 10 g, 식용유 10 ㎖

겨자장

발효겨자 1 t, 식초 1 t, 설탕 1/2 t, 소금

양념장

간장 1 T, 설탕 1/2 T, 다진 파, 다진 마늘, 후추, 깨소금, 참기름

만드는 방법

재료 확인 및 세척 ▶ 겨자 발효하기 ▶ 재료 썰기 ▶ 재료 양념하기 ▶ 재료 넣기 ▶ 찌기 ▶ 고명 준비하기 ▶ 겨자장 만들기 ▶ 담기

겨자 발효하기

01 겨자가루 1 t와 미지근한 물 1 t을 섞어 겨자를 발효시킨다.

재료 썰기

02 호박은 길이로 2등분하여 4 cm 길이로 어슷 썰고 3번 칼집을 넣어 소금물에 절인다.

03 당근은 3cm 길이로 채 썰어 데치고 파, 마늘은 다진다.

04 표고버섯과 소고기는 손질하여 3 cm 길이로 채 썬다.

재료 양념하기

05 간장 1 T, 설탕 1/2 T, 다진 파, 다진 마늘, 후추, 깨소금, 참기름을 섞어 양념장을 만들어 당근, 표고버섯, 소고기와 잘 섞어준다.

재료 넣기

06 절여진 호박의 칼집 사이에 속 재료를 채워 넣는다.

찌기

07 냄비에 물을 넣고 간장으로 간하여 호박을 넣고 끓인다.

고명 준비하기

08 황·백지단을 만들어 0.1 cm×0.1 cm×2 cm로 채 썰고, 석이버섯은 채 썰어 소금, 참기름에 살짝 볶고, 실고추는 2 cm 길이로 썰고, 잣은 고깔을 제거하고 반으로 쪼개 고명을 준비한다.

겨자장 만들기

09 발효겨자 1 t, 식초 1 t, 설탕 1/2 t, 소금 약간을 섞어 겨자장을 만든다.

10 그릇에 고명을 올린 호박선을 가지런하게 담아낸다.

①

②

③

④

무숙장아찌

25분

요구사항

❶ 무는 0.6 cm×0.6 cm×5 cm로 써시오.
❷ 소고기는 0.3 cm×0.3 cm×4 cm로 써시오.
❸ 미나리는 4 cm로 써시오.
❹ 완성품은 80 g 이상 제출하시오.

유의사항

※ 수험자 공통 유의사항 p.109 참고

❶ 무의 크기는 일정하게 썬다.
❷ 조리된 무의 색깔이 지나치게 검어지지 않도록 한다.

지급재료

무 120 g, 미나리 줄기 20 g, 대파 흰 부분 1토막, 마늘 깐 것 1쪽,
소고기 30 g, 식용유 30 ㎖, 진간장 50 ㎖, 깨소금 5 g,
참기름 5 ㎖, 백설탕 5 g, 검은 후춧가루 1 g, 실고추 1 g

소고기 양념

간장 1 T, 설탕 1/2 T, 다진 파, 다진 마늘, 후추, 깨소금, 참기름

만드는 방법

재료 확인 및 세척 ▶ 재료 썰기 ▶ 간장 조리기 ▶ 무, 소고기, 미나리 볶기 ▶ 담기

재료 썰기

01 무는 0.6 cm×0.6 cm×5 cm로 썰어 간장 2 T를 넣고 절인다.

02 파, 마늘은 다진다.

03 미나리와 실고추는 4 cm 길이로 자른다.

04 소고기는 핏물을 제거하고 0.3 cm×0.3 cm×4 cm로 채 썰어 간장 1 T, 설탕 1/2 T, 다진 파, 다진 마늘, 후추, 깨소금, 참기름을 넣고 양념한다.

간장 조리기

05 무를 절인 간장을 팬에 넣고 살짝 끓여 조린다.

무, 소고기, 미나리 볶기

06 팬에 식용유를 두르고 소고기를 볶다 절인 무와 간장을 넣고 미나리를 넣어 볶는다.

07 실고추와 참기름을 넣어 마무리 한다.

08 그릇에 재료가 모두 보이도록 담아낸다.

①

②

③

④

오이숙장아찌

25분

요구사항

❶ 오이는 0.5 cm×0.5 cm×5 cm로 써시오.
❷ 소고기는 0.3 cm×0.3 cm×4 cm로 써시오.
❸ 표고버섯은 0.3 cm×4 cm로 써시오.(단, 지급된 재료의 크기에 따라 가감한다.)
❹ 완성된 오이숙장아찌는 50 g 이상 제출하시오.

유의사항

※ 수험자 공통 유의사항 p.109 참고

❶ 오이와 소고기, 표고버섯은 각각 따로 조리하여 함께 무치는 방법으로 만든다.
❷ 조리된 오이의 색깔에 유의하며 무쳐진 상태가 깨끗하게 되도록 한다.

지급재료

오이 1/2개, 건표고버섯 1개, 대파 흰 부분 1토막, 마늘 깐 것 1쪽, 소고기 30 g, 식용유 30 ㎖, 소금 5 g, 진간장 20 ㎖, 깨소금 5 g, 참기름 5 ㎖, 백설탕 5 g, 검은 후춧가루 1 g, 실고추 1 g

표고버섯, 소고기 양념

간장 1 T, 설탕 1/2 T, 다진 파, 다진 마늘, 후추, 깨소금, 참기름

만드는 방법

재료 확인 및 세척 ▶ 재료 썰기 ▶ 양념장 만들기 ▶ 재료 볶기 ▶ 버무리기 ▶ 담기

재료 썰기

01 오이는 소금으로 문질러 씻어 씨 부분을 제거하고 0.5 cm×0.5 cm×5 cm로 채 썰어 소금에 절여 물기를 제거한다.

02 파, 마늘은 다지고 실고추는 4 cm 길이로 자른다.

03 표고버섯은 기둥을 제거하고 포를 떠서 0.3 cm×0.3 cm×4 cm로 채 썬다.

04 소고기는 핏물을 제거하고 0.3 cm×0.3 cm×4 cm로 채 썬다.

양념장 만들기

05 간장 1 T, 설탕 1/2 T, 다진 파, 다진 마늘, 후추, 깨소금, 참기름을 섞어 양념장을 만든 후 표고버섯, 소고기에 양념을 한다.

재료 볶기

06 팬에 식용유를 두르고 오이, 표고버섯, 소고기를 각각 볶아낸다.

버무리기

07 볶은 오이, 표고버섯, 소고기와 실고추, 참기름을 넣어 버무린다.

08 그릇에 재료가 모두 보이도록 담아낸다.

①

②

③

④

섭산적

30분

요구사항

❶ 완성된 섭산적은 0.7 cm×2 cm×2 cm로 써시오.
❷ 석쇠로 구워 9개 이상 제출하시오.
❸ 고기와 두부의 비율을 3:1 정도로 하시오.

유의사항

※ 수험자 공통 유의사항 p.109 참고

❶ 다져서 양념한 소고기는 크게 반대기를 지어 구운 뒤 자른다.
❷ 고기가 타지 않게 잘 구워지도록 유의한다.

지급재료

소고기 80 g, 두부 30 g, 대파 흰 부분 1토막, 마늘 깐 것 1쪽, 소금 5 g, 백설탕 10 g, 깨소금 5 g, 참기름 5 ㎖, 검은 후춧가루 2 g, 잣 깐 것 10개, A4 용지 1장, 식용유 30 ㎖

소고기, 두부 양념

소금, 설탕, 다진 파, 다진 마늘, 후추, 깨소금, 참기름

만드는 방법

재료 확인 및 세척 ▶ 파, 마늘 다지기 ▶ 두부, 소고기 다지기 ▶ 양념하기 ▶ 모양 만들기 ▶ 석쇠에 굽기 ▶ 잣가루 만들기 ▶ 식은 후 자르기 ▶ 담기

파, 마늘 다지기	01 파, 마늘은 다진다.
두부, 소고기 다지기	02 두부는 으깨고 소고기는 핏물을 제거하고 다진다.
양념하기	03 고기와 두부를 3:1 비율로 섞고 소금, 설탕, 다진 파, 다진 마늘, 후추, 깨소금, 참기름을 넣고 반죽한다.
모양 만들기	04 반죽을 가로, 세로 7 cm, 두께 0.5 cm 정도로 네모지게 만들어 가로, 세로로 잔 칼집을 넣는다.
석쇠에 굽기	05 석쇠를 식용유로 코팅하여 반죽을 올려 약불로 타지 않게 굽는다.
잣가루 만들기	06 잣을 종이 또는 키친타월에 놓고 곱고 보슬보슬하게 다진다.
식은 후 자르기	07 완성된 섭산적을 식혀 2 cm×2 cm×0.7 cm로 9등분 한다.
	08 그릇에 가지런하게 놓고 각각 잣가루를 뿌려 낸다.

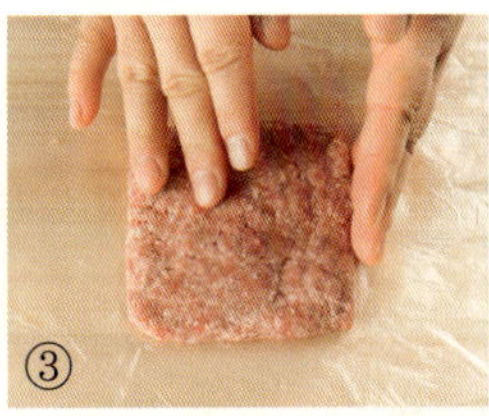

지짐누름적

35분

요구사항

❶ 누름적은 0.5 cm×5 cm×6 cm로 하시오.
❷ 누름적의 수량은 2개를 제출하고, 꼬치는 빼서 제출하시오.

유의사항

※ 수험자 공통 유의사항 p.109 참고

❶ 각각의 준비된 재료를 조화있게 끼워서 색을 잘 살릴 수 있도록 지진다.
❷ 당근과 통도라지는 식용유로 볶으면서 소금으로 간을 한다.

지급재료

소고기 50 g, 건표고버섯 1개, 당근 50 g, 쪽파 2뿌리, 통도라지 1개, 밀가루 20 g, 달걀 1개, 참기름 5 ㎖, 산적꼬치 2개, 식용유 30 ㎖, 소금 5 g, 진간장 10 ㎖, 백설탕 5 g, 대파 흰 부분 1토막, 마늘 깐 것 1쪽, 검은 후춧가루 2 g, 깨소금 5 g

소고기, 표고버섯 양념장

간장 1 T, 설탕 1/2 T, 다진 파, 다진 마늘, 후추, 깨소금, 참기름

만드는 방법

재료 확인 및 세척 ▶ 재료 썰기 ▶ 재료 볶기 ▶ 꼬치에 끼우기 ▶ 팬에 지지기 ▶ 담기

재료 썰기

01 도라지는 껍질을 제거하고 1 cm×6 cm×0.5 cm로 썰어 소금물에 데친다.

02 당근은 1 cm×6 cm×0.5 cm로 썰어 데친다.

03 실파는 6 cm 길이로 썰어 소금, 참기름으로 양념한다.

04 파, 마늘은 다지고 간장 1 T, 설탕 1/2 T, 후추, 깨소금, 참기름을 섞어 양념장을 만든다.

05 불린 표고버섯은 기둥을 제거 후 1 cm×6 cm×0.5 cm로 썰어 양념한다.

06 소고기는 핏물, 기름기를 제거하여 1 cm×7 cm×0.5 cm로 썰어 양념한다.

재료 볶기

07 팬에 식용유를 두르고 도라지, 당근, 표고버섯, 소고기 순으로 볶는다.

꼬치에 끼우기

08 산적꼬치에 재료를 색의 조화를 맞춰 끼워 2꼬치를 만든다.

팬에 지지기

09 산적 뒷면에 밀가루를 묻히고 앞뒤로 달걀물을 묻혀 식용유를 두른 팬에 지져 낸다.

10 식으면 꼬치를 빼고 그릇에 2개를 가지런히 담는다.

①

②

③

④

적류

화양적 35분

요구사항

❶ 화양적의 길이는 6 cm가 되도록 하고, 꼬치의 양끝이 1 cm 남도록 하시오.
❷ 달걀노른자로 황색지단을 만들어 폭 1 cm, 두께는 0.6 cm가 되도록 하시오.
❸ 각 재료의 폭은 1 cm, 두께는 0.6 cm가 되도록 하시오.
(단, 표고버섯은 지급된 재료 두께로 한다.)
❹ 화양적 완성품 2꼬치를 만들고 잣가루를 고명으로 얹으시오.
※ 달걀흰자 지단을 사용하는 경우 오작으로 처리

유의사항 ※ 수험자 공통 유의사항 p.109 참고

❶ 통도라지는 쓴맛을 잘 뺀다.
❷ 끼우는 순서는 색의 조화가 잘 이루어지도록 한다.

지급재료

소고기 50 g, 건표고버섯 1개, 당근 50 g, 오이 1/2개, 통도라지 1개, 산적꼬치 2개, 진간장 5 ㎖, 대파 흰 부분 1토막, 마늘 깐 것 1쪽, 소금 5 g, 백설탕 5 g, 깨소금 5 g, 참기름 5 ㎖, 검은 후춧가루 2 g, 잣 깐 것 10개, A4 용지 1장, 달걀 2개, 식용유 30 ㎖

소고기, 표고버섯 양념

간장 1 T, 설탕 1/2 T, 다진 파, 다진 마늘, 후추, 깨소금, 참기름

만드는 방법

재료 확인 및 세척 ▶ 재료 썰기 ▶ 황지단 부치기 ▶ 재료 볶기 ▶ 잣가루 만들기 ▶ 꼬치에 끼우기 ▶ 담기

재료 썰기

01 도라지는 껍질을 제거하고 1 cm×6 cm×0.6 cm로 썰어 소금물에 절인 후 물기를 제거한다.

02 당근은 1 cm×6 cm×0.6 cm로 썰어 데친다.

03 오이는 1 cm×6 cm×0.6 cm로 썰어 소금물에 절인 후 물기를 제거한다.

04 파, 마늘은 다진다.

05 간장 1 T, 설탕 1/2 T, 다진 파, 다진 마늘, 후추, 깨소금, 참기름을 섞어 양념장을 만든다.

06 불린 표고버섯은 기둥을 제거하고 1 cm×6 cm×0.6 cm로 썰어 양념한다.

07 소고기는 핏물을 제거하고 1 cm×7 cm×0.6 cm로 썰어 칼집 내어 양념한다.

황지단 부치기

08 달걀은 황·백으로 분리하여 황지단을 부쳐 1 cm×6 cm×0.6 cm로 썬다.

재료 볶기

09 팬에 식용유를 두르고 오이, 도라지, 당근, 표고버섯, 소고기 순으로 볶아낸다.

잣가루 만들기

10 잣을 종이 또는 키친타월에 놓고 곱고 보슬보슬하게 다진다.

꼬치에 끼우기

11 산적꼬치에 재료를 색의 조화를 맞춰 끼워 2개를 만든다. 꼬치의 양끝이 1 cm 남도록 한다.

12 그릇에 가지런하게 담고 잣가루를 뿌려낸다.

①

②

③

④

두부전골 40분

요구사항

❶ 두부는 3 cm×4 cm×0.8 cm 정도 크기로 7개를 녹말에 무쳐 지져서 냄비에 돌려 담으시오.
❷ 소고기는 육수와 완자용으로 나누어 사용하고, 완자는 두부와 소고기를 섞어 지름 1.5 cm 정도 크기로 5개 만들어 지져서 사용하시오.
❸ 달걀은 황·백지단으로 5 cm×1.2 cm 정도 크기로 써시오.
❹ 채소는 5 cm×1.2 cm×0.5 cm 정도 크기로 썰어 사용하고 무, 당근은 데치고 거두절미한 숙주는 데쳐서 양념하시오.
❺ 재료를 색 맞추어 돌려담고 가운데에 두부를 돌려 담아 완자를 중앙에 놓고 육수를 부어 끓여내시오.

유의사항

※ 수험자 공통 유의사항 p.109 참고

지급재료

두부 200 g, 소고기 살코기 30 g, 소고기 사태 20 g, 무 60 g, 당근 60 g, 실파 2뿌리, 숙주 50 g, 건표고버섯 2개, 달걀 2개, 마늘 깐 것 3쪽, 대파 흰 부분 1토막, 진간장 20 mℓ, 소금 5g, 참기름 5 mℓ, 식용유 20 mℓ, 밀가루 20 g, 녹말가루 20 g, 검은 후춧가루 2 g, 깨소금 5 g, 키친타월 1장

만드는 방법

재료 확인 및 세척 ▶ 숙주 데치기 ▶ 육수 끓이기 ▶ 재료 준비하기 ▶ 완자 만들기 ▶ 황·백지단 부치기 ▶ 두부 지지기 ▶ 완자 지지기 ▶ 담기 ▶ 끓이기

숙주 데치기	01 끓는 물에 소금을 넣고 숙주를 데쳐 소금, 참기름으로 양념한다.
육수 끓이기	02 냄비에 물 3 C, 소고기 사태, 마늘, 대파를 넣고 육수를 끓이고 면보에 걸러 간장, 소금으로 간한다.
재료 준비하기	03 두부는 3 cm×4 cm×0.5 cm로 7개를 썰어 소금으로 밑간한다.
	04 무, 당근은 5 cm×1.2 cm×0.5 cm로 썰어 데친다.
	05 실파는 5 cm 길이로 썬다.
	06 표고버섯은 5 cm×1.2 cm×0.5 cm로 썰어 간장, 설탕, 참기름으로 양념한다.
	07 두부는 으깨고 소고기는 핏물, 기름기를 제거하고 다진다.
완자 만들기	08 두부와 소고기에 소금 약간, 설탕 약간, 다진 파, 다진 마늘, 후추, 깨소금, 참기름을 넣고 반죽하여 직경 1.5 cm 완자를 5개 빚는다.
황·백지단 부치기	09 달걀은 황·백으로 분리하여 지단을 부쳐 5 cm×1.2 cm×0.5 cm 썬다.
두부 지지기	10 두부는 수분을 제거하고 전분을 묻혀 팬에 노릇하게 지진다.
완자 지지기	11 팬에 식용유를 두르고 밀가루, 달걀물을 묻힌 완자를 굴려가며 익힌다.
끓이기	12 모든 재료를 돌려 담아 완자를 중앙에 놓고 육수를 부어 끓여낸다.

①

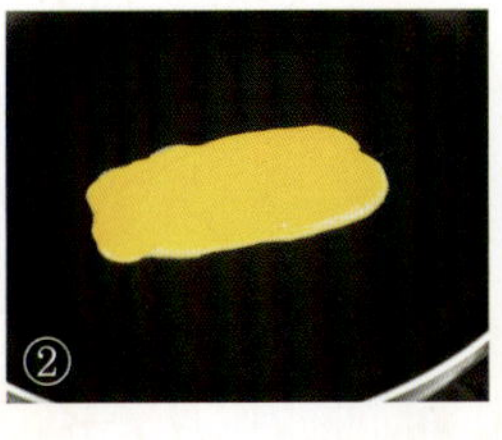
②

③

④

소고기전골 30분

요구사항

❶ 소고기는 육수와 전골용으로 나누어 사용하시오.
❷ 전골용 소고기는 0.5 cm×0.5 cm×5 cm 정도 크기로 썰어 양념하여 사용하시오.
❸ 양파는 0.5 cm 정도 폭으로, 실파는 5 cm 정도 길이로, 나머지 채소는 0.5 cm×0.5 cm×5 cm 정도 크기로 채 썰고, 숙주는 거두절미하여 데쳐서 양념하시오.
❹ 모든 재료를 돌려 담아 소고기를 중앙에 놓고 육수를 부어 끓인 후 달걀을 올려 반숙이 되게 끓여 잣을 얹어내시오.

유의사항

※ 수험자 공통 유의사항 p.109 참고

❶ 소고기는 핏물제거를 잘하여야 한다.
❷ 숙주는 많이 데치지 않으며, 채소가 잘 익도록 유의한다.

지급재료

소고기 살코기 70 g, 소고기 사태 30 g, 건표고버섯 3개, 숙주 50 g, 무 60 g, 당근 40 g, 양파 1/4개, 실파 2뿌리, 달걀 1개, 잣 10알, 대파 흰 부분 1토막, 마늘 깐 것 2쪽, 진간장 10 mℓ, 백설탕 5 g, 깨소금 5 g, 참기름 5 mℓ, 소금 10 g, 검은 후춧가루 1 g

소고기, 표고버섯 양념

간장 1 T, 설탕 1/2 T, 다진 파, 다진 마늘, 후추, 깨소금, 참기름

만드는 방법

재료 확인 및 세척 ▶ 숙주 데치기 ▶ 육수 끓이기 ▶ 재료 준비하기 ▶ 담기 ▶ 끓이기

숙주 데치기
01 소금을 넣은 끓는 물에 숙주를 넣고 데쳐 소금, 참기름으로 양념한다.

육수 끓이기
02 냄비에 물 3 C, 소고기 사태, 마늘, 대파를 넣고 육수를 끓이고 면보에 걸러 간장, 소금으로 간한다.

재료 준비하기
03 무, 당근은 0.5 cm×0.5 cm×5 cm로 썬다.
04 양파는 0.5cm로 채 썰고 실파는 5 cm 길이로 썬다.
05 표고버섯, 소고기는 0.5 cm×0.5 cm×5 cm로 썰어 간장 1 T, 설탕 1/2 T, 다진 파, 다진 마늘, 후추, 깨소금, 참기름으로 양념한다.

담기
06 냄비에 모든 채소를 돌려 담은 후 중앙에 양념한 소고기를 돌려 담고 육수를 붓는다.

끓이기
07 소고기가 익으면 달걀을 올려 반숙으로 익힌 후 통잣을 올려낸다.

①

②

③

④

생선전

25분

요구사항

❶ 생선전은 0.5 cm×5 cm×4 cm로 만드시오.
❷ 달걀은 흰자, 노른자를 혼합하여 사용하시오.
❸ 생선전은 8개 제출하시오.

유의사항

※ 수험자 공통 유의사항 p.109 참고

❶ 생선이 부서지지 않게 한다.
❷ 달걀옷이 떨어지지 않도록 한다.

지급재료

동태 1마리, 밀가루 30 g, 달걀 1개, 소금 10 g, 흰 후춧가루 2 g, 식용유 50 ㎖

만드는 방법

재료 확인 및 세척 ▶ 생선 손질하기 ▶ 전 부치기 ▶ 담기

생선 손질하기

01 동태는 해동하여 비늘, 머리, 내장, 지느러미를 제거하고 세장 뜨기하여 껍질을 제거하고 6 cm×5 cm×0.4 cm로 8등분 하여 소금, 흰 후춧가루를 뿌린다(완성 시 5 cm×4 cm×0.5 cm).

전 부치기

02 생선의 물기를 제거하고 밀가루와 달걀물을 입혀 식용유를 두른 팬에 노릇하게 지진다.

03 그릇에 보기 좋게 가지런히 담아낸다.

①

②

③

④

육원전

20분

요구사항

❶ 육원전은 직경이 4 cm, 두께 0.7 cm 정도가 되도록 하시오.
❷ 달걀은 흰자, 노른자를 혼합하여 사용하시오.
❸ 육원전 6개를 제출하시오.

유의사항

※ 수험자 공통 유의사항 p.109 참고

❶ 고기와 두부의 배합이 맞아야 한다.
❷ 전의 속까지 잘 익도록 한다.
❸ 모양이 흐트러지지 않아야 한다.

지급재료

소고기 70 g, 두부 30 g, 밀가루 20 g, 달걀 1개, 대파 흰 부분 1토막, 검은 후춧가루 2 g, 참기름 5 mℓ, 소금 5 g, 마늘 깐 것 1쪽, 식용유 30 mℓ, 깨소금 5 g, 설탕 5 g

두부, 소고기 양념

소금, 설탕, 다진 파, 다진 마늘, 후추, 깨소금, 참기름

만드는 방법

재료 확인 및 세척 ▶ 파, 마늘 다지기 ▶ 두부, 소고기 다져 양념하기 ▶ 모양 만들기 ▶ 육원전 지지기 ▶ 담기

파, 마늘 다지기	01 파, 마늘은 다진다.
두부, 소고기 다져 양념하기	02 두부는 으깨고 소고기는 핏물을 제거하여 다져 소금, 설탕, 다진 파, 다진 마늘, 후추, 깨소금, 참기름으로 양념하여 반죽한다.
모양 만들기	03 반죽을 동글납작하게 직경 4 cm, 두께 0.7 cm로 6개 빚는다.
	04 빚은 반죽에 밀가루와 달걀물을 입힌다.
육원전 지지기	05 팬에 식용유를 두르고 육원전을 지진다.
	06 그릇에 가지런하게 담아낸다.

①

②

③

④

표고전

20분

요구사항

❶ 표고버섯과 속은 각각 양념하시오.
❷ 표고전은 5개를 제출하시오.

유의사항

※ 수험자 공통 유의사항 p.109 참고

❶ 표고의 색깔을 잘 살릴 수 있도록 한다.
❷ 고기가 완전히 익도록 한다.

지급재료

건표고버섯 5개, 소고기 30 g, 두부 15 g, 밀가루 중력분 20 g, 달걀 1개, 대파 흰 부분 1토막, 검은 후춧가루 1 g, 참기름 5 ㎖, 소금 5 g, 깨소금 5 g, 마늘 깐 것 1쪽, 식용유 20 ㎖, 진간장 5 ㎖, 백설탕 5 g

소 양념

소금, 설탕, 다진 파, 다진 마늘, 후추, 깨소금, 참기름

표고버섯 양념

간장, 설탕, 참기름 약간

만드는 방법

재료 확인 및 세척 ▶ 표고버섯 손질, 양념하기 ▶ 재료 썰기 ▶ 소 양념하기 ▶ 표고버섯에 소 넣기 ▶ 표고전 지지기 ▶ 담기

표고버섯 손질, 양념하기 재료 썰기

01 불린 표고버섯은 기둥을 제거하고 간장, 설탕, 참기름으로 밑간한다.

02 파, 마늘을 다진다.

03 두부는 으깨고 소고기는 핏물을 제거하고 다진다.

소 양념하기

04 두부, 소고기에 소금, 설탕 약간, 다진 파, 다진 마늘, 후추, 깨소금, 참기름을 넣어 양념한다.

표고버섯에 소 넣기

05 표고버섯 안쪽에 밀가루를 묻히고 소를 채워 밀가루와 달걀물을 입힌다.

표고전 지지기

06 식용유를 두른 팬에 표고전을 지져낸다.

07 완성된 표고전을 그릇에 가지런하게 담아낸다.

①

②

③

④

풋고추전 25분

요구사항

❶ 풋고추는 5 cm로 정리하여 소를 넣고 지져 내시오.(단, 주어진 재료의 크기에 따라 가감한다.)

❷ 풋고추는 반을 갈라 데쳐서 사용하며 완성된 풋고추전은 8개를 제출하시오.

유의사항

※ 수험자 공통 유의사항 p.109 참고

❶ 완성된 풋고추전의 색에 유의한다.

지급재료

풋고추 4개, 소고기 30 g, 두부 15 g, 밀가루 중력분 15 g, 달걀 1개, 대파 흰 부분 1토막, 검은 후춧가루 1 g, 참기름 5 ㎖, 소금 5 g, 깨소금 5 g, 마늘 깐 것 1쪽, 식용유 20 ㎖, 백설탕 5 g

두부, 소고기 양념

소금, 설탕, 다진 파, 다진 마늘, 후추, 깨소금, 참기름

만드는 방법

재료 확인 및 세척 ▶ 풋고추 손질, 데치기 ▶ 재료 썰기 ▶ 양념하기 ▶ 풋고추 소 넣기 ▶ 풋고추전 지지기 ▶ 담기

풋고추 손질, 데치기	01 풋고추를 세로로 반 잘라 씨를 제거한 후 5 cm로 잘라 8개를 만들어 소금물에 데친다.
재료 썰기	02 파, 마늘을 다진다.
	03 두부는 으깨고 소고기는 핏물을 제거하고 다진다.
양념하기	04 다진 소고기와 두부에 소금, 설탕, 다진 파, 다진 마늘, 후추, 깨소금, 참기름으로 양념한다.
풋고추 소 넣기	05 풋고추 안쪽에 밀가루를 묻히고 소를 채워 밀가루, 달걀물을 묻힌다.
풋고추전 지지기	06 팬에 식용유를 두르고 타지 않게 지진다.
	07 그릇에 담아낸다.

①

②

③

④

두부조림

25분

요구사항

❶ 두부는 0.8 cm×3 cm×4.5 cm로 써시오.
❷ 8쪽을 제출하고, 촉촉하게 보이도록 국물을 약간 끼얹어 내시오.
❸ 실고추와 파채를 고명으로 얹으시오.

유의사항

※ 수험자 공통 유의사항 p.109 참고

❶ 두부가 부서지지 않고 질기지 않게 한다.
❷ 조림은 색깔이 좋고 윤기가 나도록 한다.

지급재료

두부 200 g, 대파(흰 부분) 1토막, 실고추 1 g,
검은 후춧가루 1 g, 참기름 5 ㎖, 소금 5 g, 마늘 깐 것 1쪽,
식용유 30 ㎖, 진간장 15 ㎖, 깨소금 5 g, 백설탕 5 g

양념장

간장 2 T, 설탕 1 T, 다진 파, 다진 마늘, 후추, 깨소금, 참기름

만드는 방법

재료 확인 및 세척 ▶ 재료 썰기 ▶ 두부 지지기 ▶ 양념장 만들기 ▶ 두부 조리기 ▶ 담기

재료 썰기

01 두부는 3 cm×4.5 cm×0.8 cm 크기로 8쪽을 썰고 소금을 뿌린다.

02 파의 흰 부분과 마늘을 다지고 대파의 푸른 부분은 1.5 cm 길이로 채 썬다.

두부 지지기

03 팬에 식용유를 두르고 두부를 노릇하게 지진다.

양념장 만들기

04 간장 2 T, 설탕 1 T, 다진 파, 다진 마늘, 깨소금, 참기름을 섞어 양념장을 만든다.

두부 조리기

05 냄비에 두부와 양념장 2/3, 물1/3 C을 넣고 조린다.

06 국물이 반쯤 졸아들면 부족한 양념을 추가하고 대파, 실고추 고명을 올려 국물이 2~3 T 남을 때까지 조린다.

07 그릇에 담고 국물 1~2 T 정도를 끼얹어 낸다.

①

②

③

④

오징어볶음

30분

요구사항

❶ 오징어는 0.3 cm 폭으로 어슷하게 칼집을 넣고, 크기는 4 cm×1.5 cm 정도로 써시오. (단, 오징어 다리는 4 cm 길이로 자른다.)

❷ 고추, 파는 어슷썰기, 양파는 폭 1 cm로 써시오.

유의사항

※ 수험자 공통 유의사항 p.109 참고

❶ 오징어 손질 시 먹물이 터지지 않도록 유의한다.

❷ 완성품 양념 상태는 고춧가루 색이 배도록 한다.

지급재료

물오징어 1마리, 소금 5 g, 진간장 10 ㎖, 백설탕 20 g, 참기름 10 ㎖, 깨소금 5 g, 풋고추 1개, 홍고추 1개, 양파 50 g, 마늘 깐 것 2쪽, 대파 흰 부분 1토막, 생강 5 g, 고춧가루 15 g, 고추장 50 g, 검은 후춧가루 2 g, 식용유 30 ㎖

양념장

고추장 2 T, 고춧가루 1/2 T, 설탕 1 T, 간장, 다진 마늘, 다진 생강, 후추, 깨소금, 참기름

만드는 방법

재료 확인 및 세척 ▶ 오징어 손질하기 ▶ 재료 썰기 ▶ 양념장 만들기 ▶ 볶기 ▶ 담기

오징어 손질하기

01 오징어는 배를 가르고 내장과 껍질을 제거하여 몸통 안쪽에 0.3 cm 폭으로 가로 세로 칼집을 넣어 4 cm×1.5 cm로 썰고, 다리는 4 cm로 썬다.

재료 썰기

02 마늘, 생강을 다진다.

03 양파는 폭 1 cm로 채 썰고 대파는 어슷 썬다.

04 풋고추, 홍고추는 어슷하게 썰어 씨를 제거한다.

양념장 만들기

05 고추장 2 T, 고춧가루 1/2 T, 설탕 1 T, 간장 약간, 다진 마늘, 다진 생강, 후추, 깨소금, 참기름을 섞어 양념장을 만든다.

볶기

06 팬에 식용유를 두르고 양파, 오징어, 양념장을 넣고 볶다 풋고추, 홍고추, 대파, 참기름을 넣어 마무리 한다.

07 그릇에 모든 재료가 보이도록 보기 좋게 담아낸다.

①

②

③

④

홍합초

20분

요구사항

❶ 마늘과 생강은 편으로, 파는 2 cm로 써시오.
❷ 홍합은 전량 사용하고, 촉촉하게 보이도록 국물을 끼얹어 제출하시오.
❸ 잣가루를 고명으로 얹으시오.

유의사항

※ 수험자 공통 유의사항 p.109 참고

❶ 홍합을 깨끗이 손질하도록 한다.
❷ 조려진 홍합이 너무 질기지 않아야 한다.

지급재료

생 홍합 100 g, 대파 흰 부분 1토막, 후춧가루 2 g, 참기름 5 ㎖, 마늘 깐 것 2쪽, 진간장 40 ㎖, 생강 15 g, 백설탕 10 g, 잣 5개, A4 용지 1장

만드는 방법

재료 확인 및 세척 ▶ 재료 준비하기 ▶ 잣가루 만들기 ▶ 홍합초 안치기 ▶ 담기

재료 준비하기

01 홍합은 소금물에 담갔다 씻어 끓는 물에 데친 후 수염을 제거한다.

02 파는 2 cm 길이로 썰고 마늘, 생강은 편으로 썬다.

잣가루 만들기

03 잣은 고깔을 떼고 종이를 깔고 곱게 다진다.

홍합초 안치기

04 냄비에 물 1/3 C, 홍합, 간장 1 T, 설탕 1/2 T을 넣고 조리다가 대파, 생강, 마늘을 넣고 조리다가 후추, 참기름을 넣고 마무리 한다.

담기

05 재료가 모두 보이도록 담고 국물을 약간 끼얹고 잣가루를 고명으로 담는다.

①

②

③

④

두부젓국찌개

20분

요구사항

❶ 두부는 2 cm×3 cm×1 cm로 써시오.
❷ 홍고추는 0.5 cm×3 cm, 실파는 3 cm 길이로 써시오.
❸ 찌개의 국물은 200 ㎖ 제출하시오.

유의사항

※ 수험자 공통 유의사항 p.109 참고

❶ 두부와 굴의 익는 정도에 유의한다.
❷ 찌개의 간은 소금과 새우젓으로 하고, 국물이 맑고 깨끗하도록 한다.

지급재료

두부 100 g, 생굴 30 g, 실파 1뿌리, 홍고추 1/2개, 새우젓 10 g, 마늘 깐 것 1쪽, 참기름 5 ㎖, 소금 5 g

만드는 방법

재료 확인 및 세척 ▶ 굴 손질하기 ▶ 재료 썰기 ▶ 찌개 끓이기 ▶ 담기

굴 손질하기
01 굴은 연한 소금물에 깨끗이 씻는다.

재료 썰기
02 마늘은 다지고 새우젓은 다져 국물을 만든다.
03 두부는 2 cm×3 cm×1 cm로 썬다.
04 홍고추는 0.5 cm×3 cm로 썬다.
05 실파는 3 cm 길이로 썬다.

찌개 끓이기
06 냄비에 물 2 C과 두부를 넣고 끓이다 굴, 다진 마늘, 소금 약간, 새우젓 국물 1 T을 넣고 끓여 홍고추, 실파, 참기름을 넣어 마무리 한다.
07 그릇에 재료들이 모두 보이도록 가지런히 국물을 담아낸다.

①

②

③
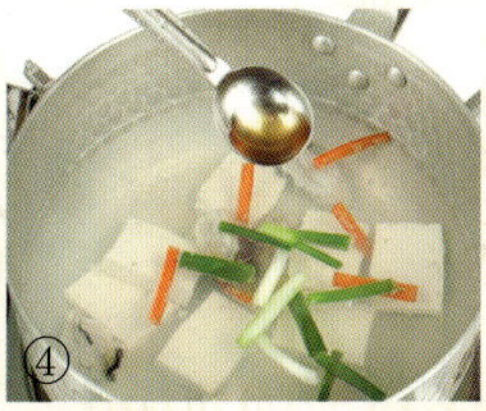
④

생선찌개

30분

요구사항

❶ 생선은 4~5 cm 정도의 토막으로 자르시오.(생선의 크기에 따라 길이를 가감할 수 있다.)

❷ 무, 두부는 2.5 cm×3.5 cm×0.8 cm로 써시오.

❸ 호박은 0.5 cm 반달형 또는 은행잎 모양으로 썰고 쑥갓과 파는 4 cm로 써시오.

❹ 고추는 통어슷썰기 하시오.

❺ 고추장, 고춧가루를 사용하여 만드시오.

❻ 생선머리를 포함하여 전량 제출하시오.

유의사항

※ 수험자 공통 유의사항 p.109 참고

❶ 생선살이 부서지지 않도록 유의한다.

❷ 각 재료의 익히는 순서를 고려하여 끓인다.

지급재료

동태 1마리, 무 60 g, 애호박 30 g, 두부 60 g, 풋고추 1개,
홍고추 1개, 쑥갓 10 g, 마늘 깐 것 2쪽, 생강 10 g, 실파 2뿌리,
고추장 30 g, 소금 10 g, 고춧가루 10 g

만드는 방법

재료 확인 및 세척 ▶ 재료 썰기 ▶ 생선 손질하기 ▶ 찌개 끓이기 ▶ 담기

재료 썰기

01 마늘, 생강은 다지고 고추는 어슷 썰어 씨를 제거한다.

02 무, 두부는 2.5 cm×3.5 cm×0.8 cm로 썬다.

03 애호박은 0.5 cm 두께로 반달모양으로 썬다.

04 실파, 쑥갓은 4 cm 길이로 썬다.

생선 손질하기

05 동태는 해동하여 비늘, 머리, 내장, 지느러미를 제거하고 4~5 cm 토막으로 썬다.

찌개 끓이기

06 냄비에 물 5 C, 고추장 2 T, 무를 넣고 끓인다.

07 무가 반쯤 익으면 생선, 고춧가루를 넣고 끓이다 애호박, 두부, 다진 마늘, 다진 생강, 소금을 넣고 간한다.

08 풋·홍고추, 실파, 쑥갓을 넣고 마무리 한다.

09 그릇에 재료들이 모두 보이도록 하여 국물 1/3, 건더기 2/3의 비율로 담아낸다.

①

②

③

④

완자탕

30분

요구사항

❶ 완자는 직경 3 cm 정도로 6개를 만들고, 국 국물의 양은 200 ㎖ 제출하시오.

❷ 고명으로 황 · 백 지단(마름모꼴)을 각 2개씩 띄우시오.

유의사항

※ 수험자 공통 유의사항 p.109 참고

❶ 고기 부위의 사용 용도에 유의하고, 육수 국물을 맑게 처리하여 양에 유의한다.

❷ 주어진 달걀을 지단용과 완자용으로 분리하여 사용한다.

지급재료

소고기 살코기 50 g, 소고기 사태 20 g, 달걀 1개,
대파 흰 부분 1/2토막, 밀가루 10 g, 마늘 깐 것 2쪽,
식용유 20 ㎖, 소금 10 g, 검은 후춧가루 2 g, 두부 15 g,
키친타월 1장, 국간장 5 ㎖, 참기름 5 ㎖, 깨소금 5 g, 백설탕 5 g

소고기, 두부 양념
소금, 설탕, 다진 파, 다진 마늘, 후추, 깨소금, 참기름

만드는 방법

재료 확인 및 세척 ▶ 육수 끓이기 ▶ 파, 마늘 다지기 ▶ 두부, 소고기 다져 양념하기 ▶ 완자 만들기 ▶ 황·백지단 부치기 ▶ 완자 지지기 ▶ 완자탕 끓이기 ▶ 담기

육수 끓이기	01 냄비에 물 3 C, 소고기 사태를 넣고 끓여 면보에 걸러 육수를 만든다.
파, 마늘 다지기	02 파, 마늘은 다진다.
두부, 소고기 다져 양념하기	03 두부는 으깨고 소고기는 핏물을 제거하여 다져 소금, 설탕, 다진 파, 다진 마늘, 후추, 깨소금, 참기름으로 양념하여 반죽한다.
완자 만들기	04 반죽을 치대어 3 cm 지름으로 6개 빚는다.
황·백지단 부치기	05 달걀은 황·백으로 분리하여 소금을 약간씩 넣어 지단을 부쳐 마름모꼴로 썬다.
완자 지지기	06 완자에 밀가루와 달걀물을 입혀 팬에 굴려가며 익힌다.
완자탕 끓이기	07 냄비에 육수를 넣고 끓여 국간장, 소금으로 간하고 완자를 넣고 약불에 살짝 더 끓인다.
	08 그릇에 완자를 담고 국물 200 ㎖을 넣고 황·백지단을 올려낸다.

①

②

③

④

달걀찜

25분

요구사항

❶ 새우젓은 국물만 사용하고 실고추, 실파는 1 cm로 썰어 고명으로 사용하시오.
❷ 석이버섯은 채 썰어 양념하여 볶아 고명으로 사용하시오.
❸ 알찜은 중탕하거나 찜통에 찌시오.

유의사항

※ 수험자 공통 유의사항 p.109 참고

❶ 물과 달걀의 비율에 유의한다.
❷ 알찜은 부드럽고 고명의 색이 선명하도록 한다.

지급재료

달걀 1개, 새우젓 10 g, 실파 1뿌리, 석이버섯 5 g, 실고추 1 g, 참기름 5 ㎖, 소금 5 g

만드는 방법

재료 확인 및 세척 ▶ 새우젓 국물 만들기 ▶ 달걀찜 끓이기 ▶ 고명 준비하기 ▶ 담기

새우젓 국물 만들기

01 새우젓을 잘게 다져 면보에 짠다.

달걀찜 끓이기

02 달걀을 잘 풀어 물, 새우젓 국물 1/2 T, 소금 약간을 넣고 잘 섞어 체에 내려 찜 그릇에 담는다.

03 냄비에 물을 넣고 끓여 면보를 깔고 알찜 그릇을 넣고 그릇, 종이, 랩, 호일 중 하나를 택하여 덮어준 다음 냄비 뚜껑을 덮어 약불에서 15분 정도 찐다.

고명 준비하기

04 석이버섯은 손질하여 채 썰고 소금, 참기름 양념 후 볶고 실고추와 실파는 1 cm 길이로 썬다.

05 완성된 달걀찜에 석이버섯, 실고추, 실파를 가지런하게 놓고 뚜껑을 덮어 살짝 익힌 후 꺼낸다.

①

②

③

④

닭찜

35분

요구사항

❶ 닭은 4~5 cm 정도로 토막을 내시오.
❷ 완성된 닭찜은 5토막 이상 제출하시오.
❸ 닭은 끓는 물에서 기름을 제거하고, 토막 낸 닭은 부서지지 않게 하시오.
❹ 황 · 백지단은 완자(마름모꼴)모양으로 만들어 고명으로 각 2개씩 얹으시오.

유의사항

※ 수험자 공통 유의사항 p.109 참고

❶ 닭과 부재료인 채소가 알맞게 익도록 하고, 당근은 모서리를 다듬는다.
❷ 완성된 닭찜의 색깔에 유의한다.

지급재료

닭 1/2마리, 양파 50 g, 당근 50 g, 건표고버섯 1개, 달걀 1개, 대파 흰 부분 1토막, 마늘 깐 것 2쪽, 생강 10 g, 진간장 50 ㎖, 백설탕 20 g, 검은 후춧가루 2 g, 깨소금 5 g, 참기름 10 ㎖, 은행 깐 것 3개, 소금 5 g, 식용유 30 ㎖

양념장

간장 2 T, 설탕 2 T, 다진 파, 다진 마늘, 다진 생강, 후추, 깨소금, 참기름

만드는 방법

재료 확인 및 세척 ▶ 닭 손질, 데치기 ▶ 재료 썰기 ▶ 양념장 만들기 ▶ 닭찜 끓이기 ▶ 고명 준비하기 ▶ 담기

닭 손질, 데치기

01 닭은 4~5 cm 크기로 5토막 내어 기름기를 제거하고 칼집을 넣어 끓는 물에 데친다.

재료 썰기

02 파, 마늘, 생강은 다진다.

03 감자, 당근은 사방 3 cm로 썰어 모서리를 다듬는다.

04 양파는 사방 3 cm로 썬다.

05 표고버섯은 3~4등분 한다.

양념장 만들기

06 간장 2 T, 설탕 2 T, 다진 파, 다진 마늘, 다진 생강, 후추, 깨소금, 참기름을 섞어 양념장을 만든다.

닭찜 끓이기

07 냄비에 닭, 물 2 C, 양념장 2/3를 넣어 끓인다.

08 닭에 당근과 감자를 넣고 익히다 표고버섯, 양파, 양념장 1/3을 넣고 윤기 나게 조려낸다.

고명 준비하기

09 달걀은 황·백으로 분리하여 지단을 부쳐 마름모꼴로 썬다.

10 은행은 팬에 식용유를 두르고 소금을 넣어 볶아 속껍질을 제거한다.

11 그릇에 닭과 재료가 고루 보이도록 알맞게 담고 황·백지단, 은행 고명을 올리고 국물이 약간 있도록 담아낸다.

①

②

③

④

돼지갈비찜 30분

요구사항

❶ 갈비는 핏물을 제거하여 사용하시오.
❷ 갈비는 전량을 국물과 함께 담아 제출하시오.

유의사항

※ 수험자 공통 유의사항 p.109 참고

❶ 갈비가 잘 무르도록 하며 부서지지 않아야 한다.
❷ 감자와 당근은 크기 사방 3 cm 정도로 모서리를 다듬어 사용한다.
❸ 부재료인 채소는 잘 익고 형태가 흐트러지지 않아야 하며, 완성품의 색깔에 유의한다.

지급재료

돼지갈비 200 g, 감자 1/2개, 당근 50 g, 대파 흰 부분 1토막, 마늘 깐 것 2쪽, 생강 10 g, 진간장 40 ㎖, 백설탕 20 g, 검은 후춧가루 2 g, 깨소금 5 g, 참기름 5 ㎖, 양파 50 g, 홍고추 1/2개

양념장

간장 2 T, 설탕 2 T, 다진 파, 다진 마늘, 후추, 깨소금, 참기름, 다진 생강

만드는 방법

재료 확인 및 세척 ▶ 돼지갈비 손질, 데치기 ▶ 재료 썰기 ▶ 양념장 만들기 ▶ 돼지갈비찜 끓이기 ▶ 담기

돼지갈비 손질, 데치기

01 갈비는 찬물에 담가 핏물을 제거하고 힘줄, 기름기를 제거한 후 칼집을 넣어 데친다.

재료 썰기

02 파, 마늘, 생강은 다진다.

03 당근과 감자는 사방 3 cm로 잘라 모서리를 다듬고 양파는 사방 3 cm로 썰고 홍고추는 어슷하게 썰어 씨를 제거한다.

양념장 만들기

04 간장 2 T, 설탕 2 T, 다진 파, 다진 마늘, 후추, 깨소금, 참기름, 다진 생강을 섞어 양념장을 만든다.

돼지갈비찜 끓이기

05 냄비에 돼지갈비와 물 2 C, 양념장 2/3, 당근, 감자를 넣고 끓인다.

06 국물이 반 정도 졸여지면 양파, 홍고추, 나머지 양념장 1/3을 넣고 자작하게 졸인다.

07 그릇에 갈비와 채소가 고루 보이도록 알맞게 담고 국물을 약간 끼얹어 낸다.

①

②

③

④

북어찜

25분

요구사항

❶ 완성된 북어의 길이는 5 cm가 되도록 하시오.
❷ 북어찜은 3토막 이상 제출하시오.

유의사항 ※ 수험자 공통 유의사항 p.109 참고

❶ 북어를 다듬을 때 부서지지 않도록 한다.
❷ 북어찜이 딱딱하지 않게 한다.

지급재료

북어포 1마리, 진간장 30 ㎖, 백설탕 10 g, 대파 흰 부분 1토막, 마늘 깐 것 2쪽, 생강 5 g, 검은 후춧가루 2 g, 깨소금 5 g, 참기름 5 ㎖, 실고추 1 g

양념장

간장 2 T, 설탕 1 T, 다진 파, 다진 마늘, 후추, 깨소금, 참기름, 다진 생강

만드는 방법

재료 확인 및 세척 ▶ 북어 손질하기 ▶ 재료 썰기 ▶ 양념장 만들기 ▶ 북어찜 끓이기 ▶ 담기

북어 손질하기

01 북어는 물에 충분히 적셔 머리, 지느러미, 꼬리, 뼈를 제거하고 6 cm로 3토막 내어 껍질 쪽에 칼집을 넣는다.

재료 썰기

02 파, 마늘, 생강은 다지고 실고추는 2 cm 길이로 썬다.

양념장 만들기

03 간장 2 T, 설탕 1 T, 다진 파, 다진 마늘, 후추, 깨소금, 참기름, 다진 생강을 섞어 양념장을 만든다.

북어찜 끓이기

04 냄비에 북어, 물 1/2 C, 양념장을 넣고 국물을 끼얹어가며 끓이다 윤기 나게 조려지면 실고추를 올려 완성한다.

05 그릇에 북어를 담고, 국물을 끼얹어 낸다.

①

②

③

④

채소튀김

20분

요구사항

❶ 단호박은 길이로 잘라 씨와 속을 도려내고 0.3 cm 두께로 자르시오.
❷ 고구마는 0.3 cm 두께 원형으로 잘라 전분기를 제거하여 사용하시오.
❸ 깻잎은 찬물에 담가 두었다가 물기를 제거하고 사용하시오.
❹ 밀가루와 달걀을 섞어 반죽을 만들고, 튀김은 각 3개씩 제출하시오.
❺ 초간장에 잣가루를 뿌려 곁들여 내시오.

유의사항

※ 수험자 공통 유의사항 p.109 참고

❶ 튀긴 채소는 타거나 설익지 않도록 한다.
❷ 튀김옷의 농도에 유의하여야 한다.

지급재료

단호박 100 g, 고구마 100 g, 깻잎 3장, 밀가루 박력분 150 g, 달걀 1개, 식용유 500 ㎖, 진간장 10 ㎖, 백설탕 5 g, 식초 10 ㎖, 잣 2알, A4 용지 1장, 키친타월 2장

초간장

간장 1 T, 설탕 1/2 T, 식초 1 T, 잣가루

만드는 방법

재료 확인 및 세척 ▶ 깻잎은 찬물에 담기 ▶ 튀김 재료 준비하기 ▶ 튀김 반죽 준비하기 ▶ 튀기기 ▶ 초간장 만들기 ▶ 담기

깻잎은 찬물에 담기 01 깻잎은 찬물에 담가둔다.

튀김 재료 준비하기 02 고구마는 껍질을 제거하고 0.3 cm 두께로 원형으로 썰어 찬물에 담가 전분을 제거한다.

03 단호박은 껍질과 씨를 제거하고 0.3 cm 두께로 길게 잘라 모난 끝 부분을 다듬는다.

04 잣은 곱게 다진다.

튀김 반죽 준비하기 05 밀가루는 체에 내리고 달걀, 소금, 물 1/2컵을 넣고 섞어 튀김반죽을 만든다.

튀기기 06 채소의 수분을 제거하고 밀가루를 묻히고 튀김옷을 입혀 튀긴다.

초간장 만들기 07 간장 1 T, 설탕 1/2 T, 식초 1 T, 잣가루를 섞어 초간장을 만든다.

08 채소튀김을 그릇에 담고 초간장을 곁들여 낸다.

①

②

③

④

미나리강회

35분

요구사항

❶ 강회의 폭은 1.5 cm, 길이는 5 cm 정도로 하시오.
❷ 붉은 고추의 폭은 0.5 cm, 길이는 4 cm로 하시오.
❸ 강회는 8개 만들어 초고추장과 함께 제출하시오.

유의사항

※ 수험자 공통 유의사항 p.109 참고

❶ 각 재료 크기를 같게 한다(붉은 고추의 폭은 제외).
❷ 색깔은 조화 있게 만든다.

지급재료

소고기 80 g, 미나리 줄기 30 g, 홍고추 1개, 달걀 2개, 고추장 15 g, 식초 5 ㎖, 백설탕 5 g, 소금 5 g, 식용유 10 ㎖

초고추장 양념장

고추장 1 T, 설탕 1/2 T, 식초 1 T

만드는 방법

재료 확인 및 세척 ▶ 미나리 데치기 ▶ 편육 삶기 ▶ 홍고추 썰기 ▶ 황·백지단 부치기 ▶ 초고추장 만들기 ▶ 미나리강회 말기 ▶ 담기

미나리 데치기	01 미나리를 다듬어 끓는 물에 소금을 넣고 데쳐 찬물에 헹군다.
편육 삶기	02 끓는 물에 소고기를 덩어리째 넣어 삶고 식으면 1.5 cm×5 cm 크기로 8개를 썬다.
홍고추 썰기	03 홍고추를 0.5×4 cm 크기로 8개로 썬다.
황·백지단 부치기	04 달걀은 황·백로 분리하여 소금을 약간씩 넣어 지단을 부쳐 1.5 cm×5 cm 크기로 8개로 썬다.
초고추장 만들기	05 고추장 1 T, 설탕 1/2 T, 식초 1 T을 섞어 초고추장을 만든다.
미나리강회 말기	06 편육–백지단–황지단–홍고추 순으로 올리고 미나리로 중앙을 돌돌 감아 8개를 완성한다.
	07 미나리강회를 보기 좋게 담고, 초고추장을 곁들여 낸다.

회류

육회

20분

요구사항

❶ 소고기는 0.3 cm×0.3 cm×6 cm로 썰어 소금으로 양념하시오.
(단, 지급된 재료의 길이에 따라 가감한다.)

❷ 마늘은 편으로 썰어 장식하고 잣가루를 고명으로 얹으시오.

❸ 70 g 이상의 완성된 육회를 제출하시오.

유의사항 ※ 수험자 공통 유의사항 p.109 참고

❶ 소고기의 채를 고르게 썬다.

❷ 배와 양념한 소고기의 변색에 유의한다.

지급재료

소고기 90 g, 배 1/4개, 잣 깐 것 5개, 소금 5 g, 마늘 깐 것 3쪽, 대파 흰 부분 2토막, 검은 후춧가루 2 g, 참기름 10 ㎖, 백설탕 30 g, 깨소금 5 g, A4 용지 1장

소고기 양념

소금, 설탕, 다진 파, 다진 마늘, 후추, 깨소금, 참기름

만드는 방법

재료 확인 및 세척 ▶ 재료 썰기 ▶ 양념하기 ▶ 배 썰기 ▶ 담기

재료 썰기

01 파, 마늘은 다지고 마늘은 편으로 썬다.

02 종이나 키친타월에 잣을 놓고 곱고 보슬보슬하게 다진다.

03 소고기는 핏물을 제거한 후 0.3 cm×0.3 cm×6 cm로 결 반대 방향으로 채 썬다.

양념하기

04 소고기에 소금 약간, 설탕 약간, 다진 파, 다진 마늘, 후추, 깨소금, 참기름을 넣어 양념한다.

배 썰기

05 배는 일정하게 채 썰어 설탕을 뿌리거나 설탕물에 담근다.

06 그릇 가장자리로 배를 돌려 담고 마늘 편을 돌린 후 중앙에 육회를 70g 이상 담고 위에 잣가루를 뿌려낸다.

①

②

③

④

매작과 30분

요구사항

❶ 매작과는 크기가 균일하게 2 cm×5 cm×0.3 cm 정도로 만드시오.
❷ 매작과 모양은 중앙에 세군데 칼집을 넣으시오.
❸ 시럽을 사용하고 잣가루를 뿌려 10개를 제출하시오.

유의사항

※ 수험자 공통 유의사항 p.109 참고

❶ 밀가루 반죽 상태에 유의한다.
❷ 매작과를 튀기기할 때 기름온도에 주의한다.

지급재료

밀가루 50 g, 소금 5 g, 식용유 300 ㎖, 백설탕 40 g, 생강 10 g, 잣 깐 것 5개, A4 용지 1장

시럽

물 5 T, 설탕 5 T

만드는 방법

재료 확인 및 세척 ▶ 생강즙 만들기 ▶ 밀가루 반죽하기 ▶ 설탕시럽 만들기 ▶ 매작과 모양 만들기 ▶ 잣가루 만들기 ▶ 튀기기 ▶ 시럽에 버무리기 ▶ 담기

생강즙 만들기
01 생강을 강판에 갈아 면보에 짜서 즙을 만든다.

밀가루 반죽하기
02 밀가루 2/3 C을 체에 내려 생강즙, 물, 소금을 넣고 반죽하여 숙성시킨다.

설탕시럽 만들기
03 냄비에 물 5 T, 설탕 5 T를 넣고 젓지 않고 끓여 시럽을 만든다.

매작과 모양 만들기
04 반죽을 밀대로 밀어 2 cm×5 cm×0.3 cm로 10개 만들고 중앙에 내 천(川)처럼 칼집을 넣어 타래 모양을 만든다.

잣가루 만들기
05 잣을 종이에 놓고 곱고 보슬보슬하게 다진다.

튀기기
06 120~130℃ 온도에서 매작과를 노릇하게 튀겨낸다.

시럽에 버무리기
07 튀겨낸 매작과를 시럽에 버무린다.

08 그릇에 담고 잣가루를 뿌려 낸다.

①

②

③

④

배숙 30분

요구사항

❶ 배의 모양과 크기는 일정하게 3쪽 이상을 만들고 등쪽에 통후추를 박으시오.
(단, 지급된 배의 크기에 따라 완성품을 만든다.)

❷ 국물은 생강과 설탕의 맛이 나도록 하고, 양은 200 ㎖ 제출하시오.

❸ 배가 국물에 떠 있는 농도로 하시오.

유의사항 ※ 수험자 공통 유의사항 p.109 참고

❶ 배숙의 모양과 크기는 일정하게 만들고 알맞게 익힌다.

지급재료

배 1/4개, 통후추 15개, 생강 30 g, 황설탕 30 g, 잣 깐 것 3개, 백설탕 20 g

만드는 방법

재료 확인 및 세척 ▶ 생강물 끓이기 ▶ 배 손질 후 모양내기 ▶ 배숙 끓이기 ▶ 담기

생강물 끓이기 01 생강은 편으로 썰어 냄비에 물 3 C을 넣고 끓인 후 생강을 건져낸다.

배 손질 후 모양내기 02 배는 3등분하여 씨를 제거하고 모서리를 다듬어 통후추를 박는다.

배숙 끓이기 03 냄비에 생강물, 황설탕 3 T, 설탕 1 T, 배를 넣고 배가 익을 때까지 끓인다.

04 그릇에 배를 담고 국물 1 C을 부어 고깔을 제거한 잣을 띄워 낸다.

①

②

③

④

화전 20분

요구사항

❶ 화전의 직경은 5 cm, 두께는 0.4 cm로 만드시오.

❷ 시럽을 사용하고 화전 5개를 제출하시오.

유의사항 ※ 수험자 공통 유의사항 p.109 참고

❶ 화전의 크기와 두께는 일정하게 한다.

❷ 꽃모양이 잘 붙어 있어야 한다.

지급재료

젖은 찹쌀가루 100 g, 대추 1개, 식용유 10 ㎖, 소금 5 g, 백설탕 40 g, 쑥갓 10 g

시럽

물 3 T, 설탕 3 T

만드는 방법

재료 확인 및 세척하기 ▶ 찹쌀가루 익반죽하기 ▶ 시럽 만들기 ▶ 쑥갓, 대추 모양내기 ▶ 화전 지지기 ▶ 담기

찹쌀가루 익반죽하기 01 찹쌀가루 2/3 C을 체에 내려 끓인 물, 소금을 넣고 반죽하여 숙성시켜 지름 5 cm, 두께 0.4 cm로 5개 만든다.

시럽 만들기 02 냄비에 물 3 T, 설탕 3 T를 넣고 젓지 않고 끓여 시럽을 만든다.

쑥갓, 대추 모양내기 03 쑥갓은 한 잎씩 떼어 준비하고 대추는 씨를 제거하고 돌돌 말아 썬다.

화전 지지기 04 팬에 식용유를 두르고 찹쌀반죽을 넣고 한쪽을 익혀 뒤집고 쑥갓, 대추를 모양내어 올려 투명하게 익혀낸다.

05 그릇에 화전을 담고 시럽을 끼얹어 낸다.

①

②

③

④

참고문헌

- 장명숙, 김나영 공저, 식품과 조리원리, 효일출판사, 2013
- 황재희 박정은 공저, 식품재료학, 효일출판사, 2015년
- 홍태희, 김기연, 김창렬, 서종권, 오창환, 정용진, 식품재료학, 지구문화사, 2015
- 강근옥, 김성옥 공저, 조리과학 이론 및 실험, 효일출판사, 2015
- 김혜영 고봉경 공저, 식품조리과학, 효일출판사, 2012
- 김혜영, 박혜련, 장순옥, 이혜성, 최영선, 김광옥, 김기대, 김윤희, 박은미, 임영숙, 최신영양학, 효일출판사, 2016
- 정현정, 배현주, 이경은, 김미현, 부소영, 최정화, 배윤정 공저, 공중 보건학, 교문사, 2014
- 이연리 조갑연, 양희태, 박상곤, 김은주, 조득문 공저, 알기 쉬운 공중보건학, 효일출판사, 2015
- 김현오, 김명숙, 김창임, 김관유, 백병학 공저, 최신 식품위생학, 효일출판사, 2006
- 김남곤, 윤상진, 박은미, 김세환, 김성완, 강근옥, 김자경, 손상기 공저, 한식전문가 8인의 한식조리기능사, 효일출판사, 2015
- 윤숙자, 강재희, 김운진 공저, 한국음식 기초조리, 지구문화사, 2015
- 정순영, 복혜자, 윤금순, 김경애, 곽정순, 김병숙, 한순임, 오외돌, 서정효, 오수정, 김미은, 김하진 공저, 한식조리기능사, 효일출판사, 2015
- 이애자, 서강태, 정지연 공저, 맛있게 배우는 한식조리기능사-이론 및 실기, 효일출판사, 2015
- 배은자, 정상렬 공저, 한식조리기능사, 시대고시기획, 2012

01
너비아니구이

02
더덕구이

03
북어구이

04
생선양념구이

05
제육구이

06
보쌈김치

07
오이소박이

08
국수장국

09
만둣국

01 너비아니구이

재료 확인 및 세척 ▶ 재료 썰기 ▶ 양념장 만들기 ▶ 고기 손질 후 양념에 재우기 ▶ 석쇠에 굽기 ▶ 담기

02 더덕구이

재료 확인 및 세척 ▶ 더덕 손질하기 ▶ 파, 마늘 다지기 ▶ 유장에 더덕 재우기 ▶ 고추장 양념 만들기 ▶ 석쇠에 굽기 ▶ 담기

03 북어구이

재료 확인 및 세척 ▶ 북어 손질하기 ▶ 파, 마늘 다지기 ▶ 유장에 북어 재우기 ▶ 고추장 양념 만들기 ▶ 석쇠에 굽기 ▶ 담기

04 생선양념구이

재료 확인 및 세척 ▶ 생선 손질하기 ▶ 파, 마늘 다지기 ▶ 유장에 조기 재우기 ▶ 고추장 양념 만들기 ▶ 석쇠에 굽기 ▶ 담기

05 제육구이

재료 확인 및 세척 ▶ 파, 마늘, 생강 다지기 ▶ 양념장 만들기 ▶ 돼지고기 손질 후 양념에 재우기 ▶ 석쇠에 굽기 ▶ 담기

06 보쌈김치

재료 확인 및 세척 ▶ 재료 썰기 ▶ 양념 만들기 ▶ 김치 버무리기 ▶ 담기

07 오이소박이

재료 확인 및 세척 ▶ 재료 썰기 ▶ 소 만들기 ▶ 소 넣기 ▶ 담기

08 국수장국

재료 확인 및 세척 ▶ 육수 끓이기 ▶ 재료 썰기 ▶ 황·백지단 부치기 ▶ 재료 볶기 ▶ 국수 삶기 ▶ 담기

09 만둣국

재료 확인 및 세척 ▶ 숙주 데치기 ▶ 육수 끓이기 ▶ 밀가루 반죽하기 ▶ 만두소 만들기 ▶ 황·백지단, 미나리초대 부치기 ▶ 만두 빚기 ▶ 만둣국 끓이기 ▶ 담기

10
비빔국수

11
칼국수

12
겨자채

13
북어보푸라기

14
잡채

15
칠절판

16
탕평채

17
비빔밥

18
장국죽

10 비빔국수

재료 확인 및 세척 ▶ 재료 썰기 ▶ 황·백지단 부치기 ▶ 재료 볶기 ▶ 국수 삶기, 양념하기 ▶ 버무리기 ▶ 담기

11 칼국수

재료 확인 및 세척 ▶ 육수 끓이기 ▶ 밀가루 반죽하기 ▶ 재료 썰기 ▶ 재료 볶기 ▶ 칼국수 삶기 ▶ 담기

12 겨자채

재료 확인 및 세척 ▶ 겨자 발효하기 ▶ 편육 삶기 ▶ 재료 썰기 ▶ 황·백지단 부치기 ▶ 겨자소스 만들기 ▶ 버무리기 ▶ 담기

13 북어보푸라기

재료 확인 및 세척 ▶ 북어 손질하기, 강판에 갈기 ▶ 삼색으로 버무리기 ▶ 담기

14 잡채

재료 확인 및 세척 ▶ 숙주 데치기 ▶ 재료 썰기 ▶ 양념장 만들기 ▶ 당면 삶기 ▶ 황·백지단 부치기 ▶ 재료 볶기 ▶ 버무리기 ▶ 담기

15 칠절판

재료 확인 및 세척 ▶ 재료 썰기 ▶ ▶ 밀전병 부치기 ▶ 황·백지단 부치기 ▶ 재료 볶기 ▶ 담기

16 탕평채

재료 확인 및 세척 ▶ 재료 썰기 ▶ 김 굽기 ▶ 황·백지단 부치기 ▶ 소고기 볶기 ▶ 초간장 만들기 ▶ 버무리기 ▶ 담기

17 비빔밥

재료 확인 및 세척 ▶ 밥 짓기 ▶ 청포묵 데치기 ▶ 재료 썰기 ▶ 황·백지단 부치기 ▶ 다시마튀각, 재료 볶기 ▶ 약고추장 만들기 ▶ 담기

18 장국죽

재료 확인 및 세척 ▶ 쌀 불리기 및 씻기 ▶ 쌀 으깨기 ▶ 재료 썰기 ▶ 양념장 만들기 ▶ 죽 끓이기 ▶ 담기

19
콩나물밥

20
더덕생채

21
도라지생채

22
무생채

23
어선

24
오이선

25
호박선

26
무숙장아찌

27
오이숙장아찌

21 도라지생채

재료 확인 및 세척 ▶ 도라지 손질하기 ▶ 파, 마늘 다지기 ▶ 양념장 만들기 ▶ 버무리기 ▶ 담기

20 더덕생채

재료 확인 및 세척 ▶ 더덕 손질하기 ▶ 파, 마늘 다지기 ▶ 양념장 만들기 ▶ 더덕 찢기 ▶ 버무리기 ▶ 담기

19 콩나물밥

재료 확인 및 세척 ▶ 쌀 불리기 및 씻기 ▶ 콩나물 다듬기 ▶ 재료 썰기 ▶ 양념장 만들기 ▶ 콩나물밥 짓기 ▶ 담기

24 오이선

재료 확인 및 세척 ▶ 재료 썰기 ▶ 양념장 만들기 ▶ 황 · 백지단 부치기 ▶ 재료 볶기 ▶ 속 채우기 ▶ 촛물 만들기 ▶ 담기

23 어선

재료 확인 및 세척 ▶ 재료 썰기 ▶ 생선 손질하기 ▶ 황 · 백지단 부치기 ▶ 재료 볶기 ▶ 어선 만들기 ▶ 찌기 ▶ 식은 후 자르기 ▶ 담기

22 무생채

재료 확인 및 세척 ▶ 재료 썰기 ▶ 양념장 만들기 ▶ 버무리기 ▶ 담기

27 오이숙장아찌

재료 확인 및 세척 ▶ 재료 썰기 ▶ 양념장 만들기 ▶ 재료 볶기 ▶ 버무리기 ▶ 담기

26 무숙장아찌

재료 확인 및 세척 ▶ 재료 썰기 ▶ 간장 조리기 ▶ 무, 소고기, 미나리 볶기 ▶ 담기

25 호박선

재료 확인 및 세척 ▶ 겨자 발효하기 ▶ 재료 썰기 ▶ 재료 양념하기 ▶ 재료 넣기 ▶ 찌기 ▶ 고명 준비하기 ▶ 겨자장 만들기 ▶ 담기

28
섭산적

29
지짐누름적

30
화양적

31
두부전골

32
소고기전골

33
생선전

34
육원전

35
표고전

36
풋고추전

28 섭산적

재료 확인 및 세척 ▶ 파, 마늘 다지기 ▶ 두부, 소고기 다지기 ▶ 양념하기 ▶ 모양 만들기 ▶ 석쇠에 굽기 ▶ 잣가루 만들기 ▶ 식은 후 자르기 ▶ 담기

29 지짐누름적

재료 확인 및 세척 ▶ 재료 썰기 ▶ 재료 볶기 ▶ 꼬치에 끼우기 ▶ 팬에 지지기 ▶ 담기

30 화양적

재료 확인 및 세척 ▶ 재료 썰기 ▶ 황지단 부치기 ▶ 재료 볶기 ▶ 잣가루 만들기 ▶ 꼬치에 끼우기 ▶ 담기

31 두부전골

재료 확인 및 세척 ▶ 숙주 데치기 ▶ 육수 끓이기 ▶ 재료 준비하기 ▶ 완자 만들기 ▶ 황·백지단 부치기 ▶ 두부 지지기 ▶ 완자 지지기 ▶ 담기 ▶ 끓이기

32 소고기전골

재료 확인 및 세척 ▶ 숙주 데치기 ▶ 육수 끓이기 ▶ 재료 준비하기 ▶ 담기 ▶ 끓이기

33 생선전

재료 확인 및 세척 ▶ 생선 손질하기 ▶ 전 부치기 ▶ 담기

34 육원전

재료 확인 및 세척 ▶ 파, 마늘 다지기 ▶ 두부, 소고기 다져 양념하기 ▶ 모양 만들기 ▶ 육원전 지지기 ▶ 담기

35 표고전

재료 확인 및 세척 ▶ 표고버섯 손질, 양념하기 ▶ 재료 썰기 ▶ 소 양념하기 ▶ 표고버섯에 소 넣기 ▶ 표고전 지지기 ▶ 담기

36 풋고추전

재료 확인 및 세척 ▶ 풋고추 손질, 데치기 ▶ 재료 썰기 ▶ 양념하기 ▶ 풋고추 소 넣기 ▶ 풋고추전 지지기 ▶ 담기

37
두부조림

38
오징어볶음

39
홍합초

40
두부젓국찌개

41
생선찌개

42
완자탕

43
달걀찜

44
닭찜

45
돼지갈비찜

39 홍합초

재료 확인 및 세척 ▶ 재료 준비하기 ▶ 잣가루 만들기 ▶ 홍합초 안치기 ▶ 담기

38 오징어볶음

재료 확인 및 세척 ▶ 오징어 손질하기 ▶ 재료 썰기 ▶ 양념장 만들기 ▶ 볶기 ▶ 담기

37 두부조림

재료 확인 및 세척 ▶ 재료 썰기 ▶ 두부 지지기 ▶ 양념장 만들기 ▶ 두부 조리기 ▶ 담기

42 완자탕

재료 확인 및 세척 ▶ 육수 끓이기 ▶ 파, 마늘 다지기 ▶ 두부, 소고기 다져 양념하기 ▶ 완자 만들기 ▶ 황·백지단 부치기 ▶ 완자 지지기 ▶ 완자탕 끓이기 ▶ 담기

41 생선찌개

재료 확인 및 세척 ▶ 재료 썰기 ▶ 생선 손질하기 ▶ 찌개 끓이기 ▶ 담기

40 두부젓국찌개

재료 확인 및 세척 ▶ 굴 손질하기 ▶ 재료 썰기 ▶ 찌개 끓이기 ▶ 담기

45 돼지갈비찜

재료 확인 및 세척 ▶ 돼지갈비 손질, 데치기 ▶ 재료 썰기 ▶ 양념장 만들기 ▶ 돼지갈비찜 끓이기 ▶ 담기

44 닭찜

재료 확인 및 세척 ▶ 닭 손질, 데치기 ▶ 재료 썰기 ▶ 양념장 만들기 ▶ 닭찜 끓이기 ▶ 고명 준비하기 ▶ 담기

43 달걀찜

재료 확인 및 세척 ▶ 새우젓 국물 만들기 ▶ 달걀찜 끓이기 ▶ 고명 준비하기 ▶ 담기

46
북어찜

47
채소튀김

48
미나리강회

49
육회

50
매작과

51
배숙

52
화전

46 북어찜

재료 확인 및 세척 ▶ 북어 손질하기 ▶ 재료 썰기 ▶ 양념장 만들기 ▶ 북어찜 끓이기 ▶ 담기

47 채소튀김

재료 확인 및 세척 ▶ 깻잎은 찬물에 담기 ▶ 튀김 재료 준비하기 ▶ 튀김 반죽 준비하기 ▶ 튀기기 ▶ 초간장 만들기 ▶ 담기

48 미나리강회

재료 확인 및 세척 ▶ 미나리 데치기 ▶ 편육 삶기 ▶ 홍고추 썰기 ▶ 황·백지단 부치기 ▶ 초고추장 만들기 ▶ 미나리강회 말기 ▶ 담기

49 육회

재료 확인 및 세척 ▶ 재료 썰기 ▶ 양념하기 ▶ 배 썰기 ▶ 담기

50 매작과

재료 확인 및 세척 ▶ 생강즙 만들기 ▶ 밀가루 반죽하기 ▶ 설탕시럽 만들기 ▶ 매작과 모양 만들기 ▶ 잣가루 만들기 ▶ 튀기기 ▶ 시럽에 버무리기 ▶ 담기

51 배숙

재료 확인 및 세척 ▶ 생강물 끓이기 ▶ 배 손질 후 모양내기 ▶ 배숙 끓이기 ▶ 담기

52 화전

재료 확인 및 세척하기 ▶ 찹쌀가루 익반죽하기 ▶ 시럽 만들기 ▶ 쑥갓, 대추 모양내기 ▶ 화전 지지기 ▶ 담기

| 저자소개 |

임영숙

- 명지대학교 식품영양학과 Ph.D.
- 前 한국영양학회 전문 연구원, 농업과학기술원 연구원
- 現 명지대학교 식품영양학과 조교수
- 푸드테라피스트를 위한 교육과정 개발 및 교육, 한국의 전통음식의 가치평가와 과학화 연구
- 그린 식생활 교육과정 개발 및 교육, 한국의 절기음식 식생활교육과정 개발 및 교육, 녹색 식생활 모형 및 지침 개발
- 이유식 방법과 유아의 영양 및 철분상태에 관한 연구, 유아의 생우유섭취와 성장에 관한 연구, 어린이를 위한 영양 간식 개발 외 다수

김선희

- 명지대학교 대학원 식품영양학 이학박사
- 前 국가기술자격증 조리사 시험 감독위원
- 前 올리브TV '한식대첩3' 충남대표 방송출연
- 現 천안 중앙요리제과제빵학원 원장
- 現 천안 카빙아카데미 원장
- 現 명지대학교 대학원 한국전통음식전공 객원교수
- 現 공주대학교 식품과학부 겸임교수
- 現 호서대학교 평생교육원 식품조리학과 외래교수
- 現 (사) 북촌전통주문화연구원, 경복궁 막걸리 학교 강사
- 現 (사) 한국조리사협회 상임이사
- 現 (사) 북촌전통주문화연구원 이사
- 現 한국 카빙데코레이션 협회 이사

김은영

- 동국대학교 가정교육학과 학사
- 前 Top table 푸드스타일리스트
- 前 ㈜ 다이어리알 푸드마케팅 팀장
- 前 명지대학교 사회교육원 식품영양학과 강사
- 現 프리랜서 푸드스타일리스트
- 現 푸드테라피스트, 특수아동 요리강사
- 신문, 잡지, 책자 등 메뉴 개발 및 푸드스타일링 및 전시회 진행
- 식약처 녹색식단 메뉴 개발 및 푸드스타일링
- 식약처 단계별 이유식 메뉴 푸드스타일링
- 명지대학교 사회교육원 푸드테라피 과정, 파티플랜교육과정 강의
- 그린식생활 교육과정 강의, 한국의 절기음식 교육과정 강의
- 보령 향토음식 개발메뉴 전수교육 강의 외 다수

NCS를 기반으로 한

한식 이론 및 실기

발 행 일	2016년 8월 8일 초판 인쇄 2016년 8월 11일 초판 발행
지 은 이	임영숙 · 김선희 · 김은영
사 진	김남선
발 행 인	김홍용
펴 낸 곳	도서출판 **효일**
디 자 인	에스디엠
주 소	서울시 동대문구 용두동 102-201
전 화	02) 460-9339
팩 스	02) 460-9340
홈페이지	www.hyoilbooks.com
Email	hyoilbooks@hyoilbooks.com
등 록	1987년 11월 18일 제6-0045호
정 가	22,000원
ISBN	978-89-8489-405-1